De mãos vazias

Dados Internacionais de Catalogação na Publicação (CIP)
(Câmara Brasileira do Livro, SP, Brasil)

Meester, Conrado de
 De mãos vazias – A espiritualidade de Sta. Teresinha do Menino Jesus – Conrado de Meester; tradução de Gabriel Haamberg. – Petrópolis, RJ : Vozes, 2018.
(Série Clássicos da Espiritualidade)

5ª reimpressão, 2025.

ISBN 978-85-326-5652-0

1. Teresinha, Santa, 1873-1897 I. Título.

98-3718   CDD-282.092

Índices para catálogo sistemático:
1. Santas : Igreja Católica : Biografia e obra   282.092

Conrado de Meester

De mãos vazias
A espiritualidade de Santa Teresinha do Menino Jesus

Tradução de Gabriel Haamberg, O.Carm.

Petrópolis

© 1998, 2018, Editora Vozes Ltda.
Rua Frei Luís, 100
25689-900 Petrópolis, RJ
www.vozes.com.br
Brasil

Todos os direitos reservados. Nenhuma parte desta obra poderá ser reproduzida ou transmitida por qualquer forma e/ou quaisquer meios (eletrônico ou mecânico, incluindo fotocópia e gravação) ou arquivada em qualquer sistema ou banco de dados sem permissão escrita da editora.

Este livro foi publicado originalmente em francês, em 1969, como tese de doutorado e, posteriormente, pelas Éditions Du Cerf, com o título *Les mains vides: Le message de Thérèse de Lisieux*

CONSELHO EDITORIAL

Diretor
Volney J. Berkenbrock

Editores
Aline dos Santos Carneiro
Edrian Josué Pasini
Marilac Loraine Oleniki
Welder Lancieri Marchini

Conselheiros
Elói Dionísio Piva
Francisco Morás
Gilberto Gonçalves Garcia
Ludovico Garmus
Teobaldo Heidemann

Secretário executivo
Leonardo A.R.T. dos Santos

PRODUÇÃO EDITORIAL

Aline L.R. de Barros
Jailson Scota
Marcelo Telles
Mirela de Oliveira
Natália França
Otaviano M. Cunha
Priscilla A.F. Alves
Rafael de Oliveira
Samuel Rezende
Vanessa Luz
Verônica M. Guedes

Diagramação: Sheilandre Desenv. Gráfico
Revisão gráfica: Nilton Braz da Rocha
Capa: Editora Vozes
Ilustração de capa: Benedito G.G. Gonçalves

ISBN 978-85-326-5652-0

Este livro foi composto e impresso pela Editora Vozes Ltda.

No crepúsculo desta vida aparecerei
diante de Vós com as mãos vazias.

Teresa de Lisieux

* * *

Sempre amei o deserto. A gente
senta-se numa duna de areia. Nada
vê. Nada ouve. E, no entanto, algo
irradia em silêncio...

O que embeleza o deserto, diz o pequeno
príncipe, é que em algum lugar há um
poço escondido.

Fiquei surpreso quando compreendi
repentinamente esta misteriosa
irradiação da areia...

E, caminhando assim, descobri o poço
ao amanhecer.

Tenho sede desta água – diz o pequeno
príncipe –, dá-me de beber...

E compreendi o que ele havia procurado!

Levei o balde até seus lábios. Bebeu, de
olhos fechados. Era doce como uma festa.
Essa água era bem diferente de qualquer
alimento. Nascera da caminhada à luz
das estrelas... Era, para o coração, boa
como um presente.

Antoine de Saint-Exupéry

Abreviações usadas neste livro

A – B – C: Os três manuscritos autobiográficos de Teresa. No texto, com referência da folha: reto ou verso.

CE: Cântico Espiritual.

CG: Edição crítica de *Correspondance Générale,* 2 volumes. Paris, Cerf/DDB, 1992

Cr: Correspondência.

CS: Cânticos Sagrados.

P: Poesias. O número refere-se à lista publicada pelo Padre Francisco de Santa Maria, no primeiro dos três volumes que acompanham a edição fac-símile dos manuscritos autobiográficos. Lisieux, 1956.

PO – PA: Processo do Ordinário e Processo Apostólico para a canonização de Teresa. (O número refere-se aos parágrafos do *Sumarium.*)

UC: Últimos Colóquios: *Não morro, entro na vida.*

Sumário

Introdução, 11

1 O amor conquista, 15

    1) O despertar, 15

    2) O chamado, 21

    3) O deserto, 25

    4) O grãozinho de areia, 31

2 Sozinha não consigo, 36

    1) Na escola do sofrimento, 37

    2) A tarefa impossível, 51

    3) A nova ótica, 63

    4) A um passo da infância espiritual, 69

3 De mãos vazias diante do amor misericordioso, 72

    1) E, de repente, "um pequeno caminho, inteiramente novo", 73

    2) Uma pequena teologia da misericórdia de Deus, 80

    3) No abraço de Deus, 85

    4) Torrentes de graça, 92

4 Na noite da fé, 94

    1) A Sexta-feira Santa continua, 94

    2) Fé, mais do que nunca, 97

    3) À mesa dos pecadores, 99

5 Minha vocação é o amor – o amor de uma pequenina, 103

1) Uma longa carta, 103

2) O caminho do amor, 104

3) Confiança, somente confiança, 109

4) A transmissão da mensagem, 110

6 A dinâmica da esperança, 114

1) O homem, ser imperfeito, 114

2) É impossível igualar-se a Deus, 117

3) Na atração da misericórdia, 121

4) Três imagens, 124

5) Obras ou confiança?, 133

6) No coração do cristianismo, 141

7 Uma atitude de vida: vossa vida na minha, 146

1) A profundidade misteriosa da caridade, 146

2) A alma do apostolado, 149

3) Tão intimamente unida a Deus, 151

8 A grande realização, 154

1) Uma mulher feliz, 154

2) A caminho da vida, 156

3) Meu Deus, eu vos amo, 160

Introdução

Em 1897 morria Teresa Martin, Santa Teresinha de Lisieux, no Carmelo de sua cidade. Tinha apenas 15 anos quando ingressara nele. O que foi fazer lá? Como evoluiu? Como superou as dificuldades?

Aquela que se tornaria padroeira universal das missões passou a vida dentro de alguns metros quadrados. Não fez coisas extraordinárias, mas sua autobiografia tornou-se um *best-seller*. Desejava viver oculta, mas hoje é querida por dezenas de milhões de cristãos. Exercerá grande influência na teologia, missão e espiritualidade.

No entanto, há entre o nascimento de Teresinha Martin (Alençon, 2 de janeiro de 1873) e sua morte (Carmelo de Lisieux, 30 de setembro de 1897), apenas 24 anos e 271 dias. À primeira vista, parece que já foi santa desde o berço e que sua vida germinou sob uma suave luz, tranquilamente.

Isso é puro engano. Teresinha amadureceu à custa de muita dor humana e num processo de "desprendimento" fora do comum. Somente contra o pano de fundo de sua história pessoal, com suas crises e controvérsias, que seus geniais pontos de vista de fé adquirem significado.

A profunda simplicidade a que Teresa tudo soube reduzir foi fruto de intenso amor. Através de muitas adversidades caminhou, com imaginação e espírito criativo, à procura da realização daquilo que aparentemente parecia impossível: uma pessoa tão pequenina estar tão imensuravelmente aberta ao Deus infinito.

Essa filha de relojoeiro e de proprietária de um negócio de rendas teve que aprender a ser pobre. Aprendeu a receber o amor de Deus. E da força da graça nasceu uma nova força de ação.

Desde a publicação de sua autobiografia em 1898, sua mensagem profética gerou enorme impacto na vida espiritual de inúmeros cristãos. Pio XI, que a canonizou em 1925, chamava-a de "uma palavra de Deus". Sua influência se difundiu, então, bem mais do que fermento na massa. Teresinha ainda continua sendo uma das maiores guias da espiritualidade moderna. Ela soube atrair, ao falar sobre a grandiosa aventura que todo homem almeja: o amor. Com tática pedagógica e imagens bem selecionadas, soube entrelaçar as linhas fundamentais do cristianismo no relacionamento humano diário. Teresinha insiste em que ser verdadeiro cristão é possível, no próprio ambiente, através de meios comuns.

Dom Hélder Câmara disse uma vez: "A santidade é o próprio Senhor. Ele nos convida a participar da sua própria santidade. A santidade não é nenhum título de honra, nem privilégio de algumas pessoas especiais, e menos ainda um favor que poderíamos demonstrar a Deus. É obrigação de todos nós, desde o momento em que nos foi dada a graça batismal, a graça santificante".

Deus quer ser nosso libertador. Teresinha entendeu perfeitamente que "Deus é amor" (1Jo 4,8) como também que é o "Deus da esperança" (Rm 15,13). Aprendeu essa verdade após a implosão do seu primeiro ideal: "Faça você mesma". Cada um quer fazer algo de belo na própria vida, e muitos gostariam de amar o Senhor e o próximo com sinceridade e fidelidade. Mas tropeça-se tão rapidamente nos próprios limites!

Teresinha ensina que não devemos nos conformar com a nossa incapacidade, mas ir ao encontro do outro, que é mais do que nós, sempre dispostos a ajudá-lo. Assim quer Deus: ser um presente, uma dádiva para os homens, como o pastor que vai à procura da ovelha perdida nas montanhas (cf. Mt 18,12). Quem deseja Deus, mais cedo ou mais tarde descobrirá que Ele não pode ser negociado, mas deve ser invocado com respeito; como um presente.

Teresa é a santa da esperança. Com a vida dela percebemos como Deus pode irromper na vida de uma pessoa e exercer nela sua ação libertadora. E, assim, Teresa tornou-se também uma revolucionária do amor, a começar por seu ambiente cotidiano.

A filósofa judia e santa Edith Stein escreveu uma vez a uma amiga que não entendera o estilo de Teresinha: "O que você me escreveu sobre Teresinha me surpreendeu e somente agora entendo que pode ser daquela forma. O que me chama a atenção é que se está diante de uma vida humana perpassada inteira e exclusivamente do amor de Deus. Algo maior e mais importante não conheço. Como gostaria de ver esse amor na minha vida e na vida daqueles que estão ao meu redor!"

Sobre essa aventura de amor de Teresinha Martin com Deus é que gostaríamos de falar. Elaboramos aqui as linhas mestras do nosso estudo mais profundo: *Dynamique de la confiance* (Paris, Les Éditions du Cerf, reedição em 1995).

A edição anterior, *As mãos vazias*, foi totalmente reescrita. Em anos anteriores foi publicada a edição crítica de toda a obra de Teresa, com inúmeras informações. Novas edições chamam a atenção. Também o autor amadureceu nos seus pontos de vista. Todas as novas descobertas foram incluídas nesta obra. Especificamente, demos mais atenção à psicologia de Teresa, à evolução de sua fé e às suas relações com o semelhante.

Esperamos que a pessoa que busca a Deus encontre neste trabalho nova luz para o seu caminho.

Assim nos tornaremos amigos à distância.

1 O amor conquista

Tem quase 15 anos, é uma jovem viva. E singularmente inteligente. Gosta de tudo o que é belo e dos seres humanos. Está aberta à amizade, com tendência espontânea à fidelidade, e tem um ideal que ela mesma escolheu. Lembra uma flor em botão que encanta pela beleza, pela promessa que encerra.

Ademais, Teresinha tem ótima situação financeira. Sua família não é pobre. Os negócios prosperam. Ela mora numa bela casa, pode viajar. Não passaria despercebida entrando na sociedade de sua pequena cidade, Lisieux.

"Gozávamos juntas da vida mais agradável que as jovens pudessem sonhar; de acordo com nosso gosto, tudo ao nosso redor correspondia às nossas preferências, tínhamos a maior liberdade, e eu dizia, enfim, que sobre a terra nossa vida era o ideal de felicidade" (A, 49v).

1) O despertar

Teresinha é de caráter maleável. Mas não foi sempre assim. Sua mãe morrera de câncer quando ela tinha apenas 4 anos e 8 meses. Foi um momento muito crítico na sua evolução psicológica de criança. Havia uma relação afetiva muito forte entre Teresinha e a mãe. Quando a morte colocou fim a essa relação, a afeição calorosa de que a filha tanto necessitava ficou prejudicada. Ninguém conseguiria compreender isso concretamente. Tornou-se então acanhada, hipersensível e vulnerável. Somente no ninho bem protegido de Les Buissonnets é que conseguia sentir-se ainda segura.

Na infância Teresinha foi, portanto, bastante inibida. Inconscientemente começa a provocar compaixão através das lágrimas. Chorava muito! "Eu era realmente intolerável por minha excessiva sensibilidade [...], e quando eu mesma começava a vencer essa situação chorava novamente porque tinha chorado" (A, 44v).

Estava desesperadamente presa a si mesma. Sofreu muito por causa disso. Ter tantas e tão ricas possibilidades e não florescer... Por suas tentativas insistentes, às vezes em vão, para eliminar essas falhas de caráter, torna-se também, sem o perceber, forte na sua vontade. Dificilmente mais tarde estará disposta a desistir de qualquer empreendimento que seja.

No Dia de Natal de 1886 tudo muda. Toda a família volta para casa depois da Missa do Galo. O pai, em outros momentos tão agradável, está cansado. Ele faz uma observação estranha pelo fato de Teresinha ter tanto prazer infantil com o presente natalino. "Felizmente este é o último ano" – diz ele, rispidamente.

Coisa semelhante nunca acontecera antes, na sua relação com o pai. Sempre tão manso e aconchegante! Era o espelho fiel no qual ela podia refletir-se. De repente abre-se uma grande rachadura nesse espelho, e Teresa vê seu rosto transformado. O pai não é mais uma pessoa paciente, mas uma resistência rígida.

Com o choque, Teresa entende, mais dolorosa e agudamente do que antes, que tinha chegado a hora de abandonar o tempo das fraldas e "deixar para trás os anos infantis" (A, 44v-45r). Tentara tantas vezes! Mas não dera certo. Como sempre, as lágrimas continuariam brotando, mas pela primeira vez em sua vida supera essa situação difícil, e reprime-as. Sente de repente que está crescendo, tornando-se "forte e corajosa"!

Teresa atribui esse pequeno milagre psicológico à Criança do presépio, a Jesus que acabara de receber na Comunhão. "Jesus mudou a noite de minha alma num facho de luz. [...] Desde aquela noite abençoada não fui mais derrotada em nenhuma batalha, mas ia de uma vitória para outra". A força de Deus pervade a sua psicologia. As milhares de tentativas do passado, em vão, cristalizam-se agora numa situação de força de vontade permanente. Teresinha chama o acontecimento do Natal de 1886 de "a graça de uma total conversão".

Passou o tempo de ficar se preocupando quase doentiamente consigo mesma! Terminou o tempo do "círculo estreito em que se movia, sem ver uma chance de sair dele" (A, 46v). Rapidamente Teresa recupera todo o atraso. Agora começa "o terceiro período de sua vida, o mais belo de todos" (A, 45v).

Quase bruscamente a porta se abre para uma vida plena para a jovem de 14 anos, que vê em volta de si o mundo à espera de uma descoberta. Agora libertada de sua hipersensibilidade, presta atenção em tudo o que está fora dela: estudo, viagens, amizade, possibilidades quase imperceptíveis anteriormente!

O que se passa no coração dessa jovem que, do ponto de vista psíquico, é bem mais madura do que as colegas de sua idade? O que acontece é incomum. Vai contra os primeiros reflexos de alguém que começa a descobrir a vida. Normalmente a pessoa busca tudo o que existe à sua frente, tudo vale a pena. Para Teresa, muitíssimas coisas têm valor relativo. A abertura de seu ser mais profundo tem um objetivo claro. Um único ponto, em torno do qual tudo está ordenado, adquiriu valor absoluto. Ela encontrou o centro; seu coração está apaixonado por um único e grande amor. Em comparação com os outros jovens, seu amor precoce leva a vantagem de ser já amor definitivo. Mas tem em comum com esses jovens o fato de que, também ela, alimenta um sonho sem limites.

O ideal que cativou a filha mais nova da família Martin não é uma ideologia nem uma coisa. É uma pessoa, e não uma pessoa comum. Ela deseja amar Jesus intensamente. A vida é um dom que deve ser colocado a serviço dele. Teresa sente-se interpelada pelo Amor e quer corresponder a Ele com o dom total de si mesma.

Jesus não é para ela um personagem histórico afastado de um passado vago. Ele está presente agora, ama-a agora e está perto. Ela nunca irá escrever expressamente sobre a Ressurreição porque para ela é evidente que Ele está aí, vivo – como não se fala a todo momento do ar que se respira. Ele é seu "ambiente divino", em tudo vê um vestígio dele. A terra é para ela transparente: o mundo do Amado.

Falando desse período primaveril, Teresa cita a poesia *Por uma noite escura*, de São João da Cruz. E de maneira admirável põe em relevo como o amor a Deus pode determinar o curso de sua vida: [...] "e eu não tinha guia nem luz, exceto a que brilhava em meu coração, e essa luz me guiava, mais seguramente que a do meio-dia, para o lugar onde me esperava aquele que me conhece perfeitamente" (A. 49r).

"O caminho por onde eu andava era tão reto, tão luminoso – escreve Teresa – que não precisava de outro guia além de Jesus. [...] Ele queria fazer brilhar em mim sua misericórdia. Visto que eu era tão pequena e tão fraca, Ele se curvava sobre mim e me ensinava as coisas de seu amor" (A, 48v-49r).

Teresa compreende que Deus lhe ensina a amar e a cumula com o dom de seu amor. A Bíblia torna-se experiência pessoal, nova, vital e autêntica. Ela aplica a si mesma as palavras do Profeta Ezequiel: "Ao passar por mim, Jesus viu que chegara para mim o tempo de ser amada, fez aliança comigo e me tornei sua. Estendeu sobre mim o seu manto".

Teresa ainda pode andar em todas as direções, mas de certo modo isso não é mais possível. Ela compreendeu que sua vida estava sob a direção de Jesus.

Não podemos colocar o crescimento interior de Teresinha na mesma linha dos demais jovens cristãos. Ela foi chamada por Deus para ser modelo de vida para muita gente. Ela é, no dizer de Pio XI, "um milagre da natureza e graça". Já bem cedo começou a viver intensamente sua vida cristã. Tinha apenas 9 anos quando escolheu conscientemente a santidade como seu ideal de vida. Logo depois teve consciência de que para isso seria necessário sofrer muito. E ela aceita. Radicalmente "escolhe tudo" e "não quer ser santa pela metade" (A, 10v). No dia de sua Primeira Comunhão experimenta o encontro com o Senhor como uma "fusão: não eram mais dois. Teresa desapareceu como a gota d'água se perde nas ondas do oceano. Só restou Jesus. Ele era o Mestre e Rei" (A, 35r). Sob a influência de grandes graças carismáticas, seu amor pelo sofrimento aumenta. Ela não precisa procurar, é uma realidade na sua vida. Quando tem 12 ou 13 anos, durante um ano e meio experimenta incessantemente dúvidas muito dolorosas a respeito do valor moral dos seus atos. Acha que peca por qualquer coisa. Uma escola rígida de catequese desempenha decididamente na vida dela um papel infeliz. É assim que Teresa anota o tema de quatro sermões do Capelão Domin para as crianças, feitos durante o retiro em preparação à Primeira Comunhão: a prestação de contas que Deus vai pedir, a morte, o inferno e a Primeira Comunhão sacrílega. Felizmente, com a morte da Irmã superiora da escola, o capelão fica impedido de continuar seus ensinamentos de cunho negativo.

Teresa sofria mais ainda com as consequências de sua hipersensibilidade. Até o Natal de 1886, como dissemos, a experiência, primeiro de sua própria pobreza, depois da misericórdia salvífica de Deus, toca sua alma profundamente. Vê que não há proporcionalidade entre seu esforço e os resultados indesejados. "Numa olhadela Jesus realizava a ação que eu em dez anos não havia conseguido, e Ele se contentava com minha *boa vontade,* a qual nunca me tinha faltado" (A, 45v). "Eu devia, por assim dizer, resgatar a graça integral com meus desejos" (A, 43v).

Enfim libertada do vexame de sua insegurança, a hipersensibilidade, Teresa torna-se psiquicamente apta a dar muita atenção às pessoas. Ela resume assim sua descoberta: "Eu sentia o amor invadir o meu coração, a necessidade de não escutar a mim mesma, para dar prazer aos outros e, assim, então, era feliz!" (A, 45v).

Meio ano depois cai nas mãos dela um livro de Arminjon. Devora-o, deixa-se encantar por ele. "Essa leitura, feita à janela de meu quarto de estudo, foi ainda uma das maiores graças de minha vida; a impressão que sinto é por demais íntima e doce para que eu possa explicá-la. [...]

Todas as grandes verdades da religião e os mistérios da eternidade lançavam minha alma numa felicidade que não era da terra. [...] Já pressentia o que Deus reserva aos que o amam, e, vendo que as recompensas eternas não têm proporção alguma com os leves sacrifícios da vida, quis amar, amar a Jesus com paixão e dar-lhe mil provas de amor enquanto ainda podia" (A, 47v).

Para Teresa, era uma grande graça poder falar sobre isso livremente com alguém. No diálogo, novas intuições trazem nova clareza e despertam um entusiasmo ainda maior em seu coração. A parceira de diálogo é sua irmã quatro anos mais velha, Celina. Esta era mais do que uma irmã; Teresa chama-a de "outro eu" (Cr, 90). Perto dela Teresa torna-se inteiramente ela mesma, tal qual na oração.

"Celina tornara-se a confidente íntima de meus pensamentos. [...] Jesus nos fez almas irmãs, [...] as centelhas de amor que Ele semeava a mãos cheias em nossas almas, o vinho delicioso e forte que nos dava a beber, faziam desaparecer aos nossos olhos as coisas passageiras, e de nossos lábios saíam aspirações de amor inspiradas por Ele. Quão doces eram os colóquios que tínhamos todas as tardes no belvedere. [...] Parece-me que recebíamos graças de uma natureza tão elevada quanto as concedidas aos grandes santos. [...] Quão transparente e tênue era o véu que escondia Jesus aos nossos olhos. [...] A dúvida não era possível, a fé e a esperança já não eram mais necessárias, o amor fazia-nos achar, sobre a terra, aquele que procurávamos. Tendo encontrado só a Ele, dera-nos o seu beijo, a fim de que, mais tarde, ninguém pudesse nos desprezar" (A, 47v-48r).

2) O chamado

Quando em Teresa despertar o conceito de esposa e mulher, sabe que deve reservar essas possibilidades somente para o Senhor. Num domingo após a missa, seu olhar cai sobre a imagem de Jesus na cruz. De repente, ela fica profundamente emocionada ao ver o sangue escorrendo das mãos do crucificado. Desperta nela um desejo veemente de, junto com Jesus, ser corredentora dos homens pelos quais Ele morrera. Escuta constantemente seu grito na cruz: "Tenho sede".

"Desde que eu recebi essa graça singular, meu desejo de salvar almas tornava-se cada dia maior. Parecia-me que Jesus se dirigia a mim como à samaritana: 'Dá-me de beber!' Era uma autêntica permuta de amor. Às almas oferecia o sangue de Jesus; a Jesus oferecia as mesmas almas refrescadas pelo orvalho divino. Assim, tinha a ideia de que saciava sua sede. E quanto mais eu lhe dava de beber, tanto mais aumentava em mim, pobre alma, a sede. E era exatamente essa sede ardente que Ele me dava como a bebida mais deliciosa de seu amor" (A, 46v).

Agora que ela pode encontrar muitas pessoas, irrompe plenamente o lado contemplativo de sua vida. Tudo nela se orienta numa direção: Jesus. Em tudo ela o ama, nele ama a todos, a todos quer dar Jesus. Seu amor pelos homens significa, em seu coração, levá-los até Deus.

Sente-se atraída pela vida missionária. Mas essa futura padroeira das missões conclui que para si é mais frutífero viver essa missão dentro da vida orante do Carmelo. Ela crê que pode doar-se mais à Igreja "na monotonia de uma vida austera" (CG, 109), "sem jamais ver o fruto de seus trabalhos" (CG, 152).

Isso não é fuga do mundo, traição ao homem. Teresa quer atrair o mundo todo para esse pequeno Carmelo de sua cidade, como uma oficina onde ela trabalhará o lado interior da humanidade. Olha a terra com o olhar cheio de amor de Jesus por Deus. Num só fôlego quer rezar pela santificação do nome de Deus e pela vinda de seu Reino entre nós. É sua maneira de trabalhar pela libertação.

Na entrada para o convento, sua ambição aparecerá como social: "Eu vim para salvar almas e rezar especialmente pelos sacerdotes" (A, 69v). A expressão "almas", em lugar de "homens", é um modo peculiar de falar, e não podemos ver nisto nada de parcial. Ela quer atingir as pessoas no mais profundo da alma, lá onde somente Deus tem acesso. Teresa tem consciência de seu papel e de sua corresponsabilidade na divinização do homem: "Jesus nos dá um amor tão incomensurável porque Ele quer que, junto com Ele, trabalhemos na salvação das almas. Ele não quer fazer nada sem nós. O Criador do universo espera pela oração de um pobrezinho para salvar outras almas, que igualmente a ele são resgatadas pelo preço de todo o seu sangue" (Cr, 135). Mais perto do final da vida, sua consciência apostólica conhecerá uma densidade maravilhosa, unida à solicitude aprimorada pelos pequenos.

Os cristãos mais tarde a compreenderão! Quantos missionários têm uma simpatia especial por essa pequena santa que nunca deu um passo fora do convento. Quanta gente simples aprendeu dela que se pode ser missionário no lugar em que se está, na vocação que Deus dá, nas coisas pequenas de cada dia, pelo amor, oração e sacrifício. Teresinha experimentará quão impulsivos tornar-se-iam seus desejos. "Ó Jesus [...], eu quereria viajar pelo mundo todo [...], uma única missão para mim não bastaria. Eu quereria anunciar o Evangelho nos cinco continentes do mundo e até às ilhas mais distantes." Mas ela encontrará a realização de sua ambição missionária no amor, visto como a força propulsora do corpo místico de Cristo: "no coração da Igreja serei o amor. Assim, serei tudo, e nada impossibilitará meu sonho de tornar-se realidade" (B, 3v). É possível amar em toda parte. De Teresa de Jesus até Teresa de Calcutá, além de cada situação, todas as diferenças são apenas externas. Nada conta tanto para Deus como o amor do qual se vive. "Se eu não tiver amor, o que falo será como o ruído do gongo ou o som do sino" (1Cor 13,1).

Aproximando-se da idade de 15 anos, Teresa faz questão de viver, o mais intensamente possível, para Deus, da maneira mais radical. Seu desejo e a "certeza de uma vocação divina" (A, 26r) a tornam imune a todos os obstáculos e a todo conselho bem-intencionado. O tempo lhe parece maduro para a ação. "Esse lugar onde Ele me espera" é o Carmelo. "Antes que eu repousasse na sua sombra, devia passar por muitas provações, mas o apelo divino era tão premente que eu passaria pelas chamas para permanecer fiel a Jesus" (A, 49r).

Ela vence todos os obstáculos para entrar no Carmelo: a separação do pai, as objeções do Carmelo, do seu diretor espiritual e do bispo. Durante sua viagem a Roma pleiteia autorização do papa!

Com um grande amor como ideal – sua única bagagem – ela está no dia 9 de abril de 1888 à porta do convento. Beija seu pai e parentes e acena-lhes um adeus. Com o coração palpitante ultrapassa o limiar dessa casa de oração. Não verá nunca mais as ruas de Lisieux.

Estará ela preparada para assumir aquela vida? É uma jovem de 15 anos, com a maturidade de 20. Brilha nela uma luz interior profunda. É fortalecida pela alegria do amor. "Eu dele e Ele meu!" – o refrão de todos os tempos! Teresinha compara o seu entusiasmo com o bom vinho que alegra o coração, e vê todas as coisas como passageiras (A, 48r). Toma consciência, como São Paulo, de que nada poderá separá-la de Deus, que a atrai. Vive no "céu do amor" (A, 52v).

Contudo, sabe o que a espera. "Minha felicidade não se evapora com as ilusões dos primeiros dias. Deus me deu a graça de não alimentar nenhuma ilusão ao entrar no Carmelo. Encontrei a vida religiosa como eu me tinha figurado, nenhum sacrifício me assustava" (A, 49v).

Que senso de realidade! Ela está suficientemente madura para dar o passo. É claro, o processo de maturação continuará. Isso leva tempo. E, apesar de todas as perspectivas lúcidas, não se poderá negar que o sofrimento de vez em quando trará surpresas chocantes. Mas é assim que se cresce.

O exemplo de sua irmã Inês teve influência na sua decisão? É possível, e dificilmente se poderá negá-lo. As pessoas são muitas vezes presentes de Deus para os outros. Após a morte de sua mãe, Inês se tornou para Teresinha uma segunda mãe (A, 13r), e foi seu "modelo" (A, 6r). A entrada de Inês no Carmelo – uns anos depois, seguida pela de sua irmã Maria – foi o fator psicológico que confirmou o chamado e a graça de Deus para Teresa. Mas, em última instância, Teresa sabe muito bem que para esse passo difícil fora conduzida somente por sua livre-entrega ao plano divino. Assim declara expressamente anos depois, fazendo a retrospectiva com a consciência já bem amadurecida e iluminada pela presença de Deus (A, 53v).

3) O deserto

O que o Carmelo significa para ela? Quando Teresa era ainda pequena tinha jurado, uma vez, que queria viver solitariamente, bem longe, no deserto – junto com Inês (A, 25v). Ao ouvir dizer mais tarde o que era a vocação de uma carmelita, sente "que o Carmelo é esse deserto onde Jesus quer que ela se esconda" – e quer ir até ele "só por causa de Jesus" (A, 26r). Deveria tornar-se uma aventura com Deus, despercebida. Em um lugar onde estaria unicamente com Deus.

Ao ingressar no claustro tem consciência de não ter se enganado. "Tudo me parecia encantador. Tinha a ideia de que chegara ao deserto. Nossa cela, principalmente, achava-a muito bonita, e a alegria que aí experimentava era muito tranquilizante. [...] Com que profunda alegria eu repetia estas palavras: é para sempre que estarei aqui, para sempre. [...] Finalmente meu desejo estava cumprido: eu sentia uma paz suave e profunda que de forma alguma poderia verbalizar, e sempre essa paz íntima permaneceu minha parceira" (A, 69r).

Teresa agora viverá de forma mais intensa e literal o que São Paulo tinha escrito para todos os cristãos: "Buscai as coisas do alto, não as da terra; vossa vida está agora em Cristo, escondida em Deus" (Cl 3,2-3).

Vocação é graça. Tudo viria a ser mais compreensível se tivéssemos duas vidas: uma comandaria a linha de frente, e a outra manteria a de reserva: no caso de êxito, engajaria também a segunda. Teresinha tinha apenas *uma* vida, e essa ela coloca a serviço de Jesus, só para Ele, no deserto, sem esperança de refazer os anos anteriores. Isso é vocação.

Refletindo sobre a sua maravilhosa viagem a Roma, passando pela Suíça e Itália, Teresa escreve: "Jamais havia sido cercada de tanto luxo. [...] A felicidade não está nas coisas que nos cercam. Ela reside no mais íntimo da alma. Pode-se possuí-la na cadeia tanto quanto no palácio. A prova disso é que sou mais feliz no Carmelo, mesmo em meio a provações internas e externas, do que no mundo, onde estava cercada pelas comodidades da vida e principalmente pelas satisfações da nossa casa paterna" (A, 65r).

Por livre-vontade, Teresa deixa tudo para trás. Põe-se a caminho pelo deserto. Como é solitária e silenciosa essa casa com seus muros nus e seu mobiliário extremamente sóbrio! Como era aparentemente austera e monótona essa vida com suas horas diárias de oração, seu repouso noturno limitado, seu regime alimentar frugal e o frio do inverno! Mas não é isso que mais a atormenta. Antes, ajuda-a a libertar-se: poder seguir seu caminho de vida pessoal, dizer adeus à vida de um lar com toda a sua segurança.

Muito mais, o Carmelo é para ela um deserto, visto que o futuro aí não tem rosto ainda bem claro. O que trará essa vida? Sabe-se onde começa, mas não se sabe onde termina. Houve vários êxodos no deserto, como aquele de Moisés e seu povo, cujo coração endurecera e o qual começou a murmurar desejando voltar para a terra da qual saíra, com seus velhos costumes e segurança material. O deserto é o contrário do ninho seguro. Engajar-se incondicionalmente em Deus, solícito por seu amor e sem se queixar de si mesmo, assumindo todo o resto, nesta única solicitude: eis a missão audaciosa.

Poucas jovens tiveram tanto amor por alguém como Teresa por Jesus, seu Senhor. Apaixonadamente vai à busca dele, fazendo a travessia pelo coração do deserto, pois esse é o caminho mais rápido. Seu pai espiritual no Carmelo, São João da Cruz, ensina-lhe pelo *Tudo* através do *nada*. A solidão não será um vazio, mas uma caminhada para o amado no oásis. As palavras enchem-se de sentido. O deserto adquire a dimensão de profundidade. No caminho pelo deserto espiritual, o amado não está unicamente no oásis. Ele sempre acompanha a pessoa, intangível, mas realmente presente, visível aos olhos da fé, alegria para o coração orante.

Nas férias de Celina, Teresinha escreve-lhe: "Os horizontes encantadores que se estendem diante de ti devem falar-te à alma, não é?! Para mim é impossível ver tudo isso, mas digo com São João da Cruz: no meu Bem-Amado possuo todas as montanhas, os vales solitários e cobertos de verde. [...] Este Bem-Amado ensina a minha alma, e aí Ele fala em silêncio, na 'escuridão'" (Cr, 135).

Às vezes Teresa tem a impressão de que a noite cai sobre o deserto. Tudo parece volátil, não encontra vestígios do Invisível. Tudo está escuro dentro dela; é o sofrimento. É a experiência mais profunda de deserto. O coração do deserto é o deserto do coração. Não sente mais a mão que a conduz. Apavorada, olha em volta de si. Vem a tentação de pensar: Ele não está em lugar nenhum.

Mas essa não é uma lógica evangélica. "Bem-aventurados os que não veem e contudo creem", diz Jesus (Jo 20,29). Para a frente! Adiante! Nada de retorno! "Quando o caminho está traçado, devemos segui-lo", diz Antoine de Saint-Exupéry. Quanto mais longe ela se arrisca, tanto maior torna-se também sua segurança: essa caminhada não leva a uma fatalidade. Ela consulta sua bússola: o Evangelho. Avidamente lê também os escritos desérticos de São João da Cruz. Ele a anima a levar ao extremo seu amor.

Teresinha caminha num grupo de vinte mulheres que também se dispuseram a caminhar pela mesma estrada. Pequena caravana, posto de vanguarda do povo de Deus em peregrinação, e, mesmo, uma porção da Igreja. Muito ela recebeu do seu grupo, do seu Carmelo. Ela passa o facho adiante. Elas partilham suas descobertas. A vocação comunitária as congregara de ambientes bem diversos: um grupo bem colorido, apesar do mesmo hábito marrom que usam. Reunidas pelo sopro do Espírito de Deus.

A comunidade de Teresinha certamente é mais pobre do que a média das comunidades carmelitanas. Há entre elas pessoas excelentes, um grupo bem maior de irmãs, com uma balança equilibrada de qualidades e falhas, e algumas de natureza muito vulnerável. Teresinha aos poucos o descobrirá: "[...] há falta de juízo, hipersensibilidade de alguns temperamentos, coisas que fazem a vida menos agradável. Sei que essas fraquezas são crônicas". Quando possível, escolherá o lado das mais pobres: "Minha conclusão? Na recreação devo buscar a companhia das irmãs que mais me contrariam, e junto às almas vulneráveis exercer a função de boa samaritana. Uma palavra, um sorriso amigo, muitas vezes são suficientes para alegrar uma alma entristecida" (C, 28r).

Irmã Teresa doa-se a elas com dedicação ilimitada. Trabalha na busca da saúde espiritual. Amar a Deus em grande parte também é amar concretamente as pessoas com quem se vive. "Pobres sempre tereis no vosso meio", diz Jesus (Jo 12,8).

É curioso constatar quantas pessoas se identificam com a situação de deserto de Teresinha. O deserto pode estender-se no coração de alguém sob várias formas: no meio das relações humanas, no trabalho diário, na cidade. Pode trazer vários nomes: impotência diante da doença ou defeito psicológico, solidão mesmo dentro do casamento, incompreensão, insegurança social, sofrimento da velhice, "chateação", aborrecimento... Não é verdade que cada pessoa tem sua experiência de deserto? "Esta é a hora de maior confiança – diz Teresinha! Oxalá não fique sozinho, Jesus está a seu lado, transforme sua dor em amor". Teresa faz de seu deserto "o coração da Igreja". O coração da Igreja está em toda parte onde se ora, ama, trabalha por amor, onde se sofre com o olhar no Crucificado. Nos olhos de Cristo ela descobre as pessoas; mantém a consciência de Igreja. Abraça o mundo inteiro e sente-se responsável por "milhares de almas" (Cr, 135). E inclui o sofrimento de forma consciente no seu projeto de vida: "ser apóstola pela oração e pelo sacrifício" (A, 50r). Celina, ao perguntar, por sua vez, se o Carmelo se tornaria seu caminho de vida, é animada por Teresinha com um argumento inesperado: "Não tenhas medo. Aqui, mais do que em qualquer outro lugar, encontrarás a cruz e o martírio. Sofreremos juntas" (Cr, 167).

O amor nunca desaparece do horizonte. Nas suas cartas do deserto, Teresa fala muito sobre isso: "Quero dar tudo a Jesus. Não quero dar nenhum átomo de meu amor a criatura alguma. [...] Só Jesus é; todo o resto não é. Vamos amá-lo até à loucura. [...] Nossa missão consiste em esquecer-nos de nós mesmas, aniquilarmo-nos. Significamos tão pouco, e mesmo assim Jesus quer que a salvação das almas dependa de nossos sacrifícios, de nosso amor. [...] Entendamos seu olhar, tão poucos sabem compreender esse olhar. [...] Amar a Jesus com toda a força de nosso coração e salvar almas para Ele, para que Ele seja amado" (Cr, 96).

Ao lado do apoio e animação vindos das coirmãs, aparecem bloqueios desse mesmo grupo. Algumas querem convencer as outras, pelo seu comportamento, a diminuir a caminhada, fazer paradas. Elas dizem, sem usar palavras, que a caminhada é impossível. Até um confessor repreende Teresinha por seu desejo de "tornar-se uma santa" e plena de amor a Deus como Teresa de Ávila. Denota arrogância. Teresa reage: "Senhor Padre, eu não acho que isso seja desejo atrevido. O Senhor mesmo nos disse: 'Sede perfeitos como meu Pai é perfeito'" (PA, 605). E, numa carta a Celina, ela afirma: "Sede perfeitos como vosso Pai celeste é perfeito. [...] Celina, nossos desejos infinitos não são, portanto, sonhos ou quimeras, visto que Jesus mesmo nos deu esse mandamento" (Cr, 107). Muitas vezes ela fala sobre a "folia" do amor: a loucura no amor como única resposta satisfatória ao amor superabundante de Deus pelo homem.

4) O gráozinho de areia

No deserto não se vê nada a não ser o céu e a areia. Há muito tempo Teresa está "ligada à abóbada celeste". Teve sempre a impressão de que morreria jovem e estaria em pouco tempo "lá em cima".

Agora também descobre o simbolismo da areia. O grão de areia, anônimo, minúsculo e quase imperceptível no chão, torna-se para ela uma imagem da vida religiosa; o simbolismo do grão de areia cabe maravilhosamente na esfera do seu pensamento. Desde há muito tempo tem predileção por atos de amor, pequenos e despercebidos. Sua oração sobretudo é árida e seca, quase pulverizada sob a pressão do sofrimento (sobre isto falaremos mais tarde). Sua busca espiritual nesse período pode-se descrever como: eu devo desaparecer para me tornar amor mais puro por Jesus. Como se pode estar ao mesmo tempo cheia de si mesma e cheia de Deus?

É bem provável que Teresa, pouco tempo antes de seu ingresso no Carmelo, tenha recebido a imagem do grão de areia de sua irmã Inês. Ela se identifica inteiramente com ele! "Peça para que eu possa permanecer sempre um pequeno grão de areia oculto aos olhos de qualquer pessoa, somente visível para Jesus, e que possa sempre tornar-se menor, reduzido a *nada* [...]" (Cr, 49). Não se deve tratar unicamente de *ser* pequena, mas *tornar-se* cada vez menor. "É preciso que Ele cresça e eu diminua" (Jo 3,30): estas palavras de João Batista em relação a Jesus resumem toda a sua busca.

Seu desejo de se tornar pequena torna-se cada vez mais exigente e abrangente. "Sinto pesar em não ser ainda suficientemente pequena e leve" (Cr, 54). No dia de sua profissão, ela reza: "Jesus, sede meu tudo! [...] Que nada perturbe a minha paz, ó Jesus! Eu vos peço somente a paz e também o amor infinito sem outro limite a não ser Vós, amor que não seja mais eu, mas Vós [...]. Permiti que eu nunca me torne um peso na minha comunidade, que ninguém se ocupe comigo e que eu possa ser considerada como vosso grão de areia pisado e esquecido [...]". Mais tarde, Irmã Inês descreverá a característica dos primeiros cinco anos de vida conventual de Teresinha: "a humildade e a solicitude para ser fiel até nas mínimas coisas" (PO, 444).

Ao escolher a perfeição do amor para seu ideal desde os primeiros anos de sua vida carmelitana, Teresinha entende claramente que para sempre só o amor será e é o caminho para esse ideal. Ainda deverá aprender muito sobre sua incapacidade. Provisoriamente seu desejo de humildade e segurança está ainda na linha dessa visão e dessa síntese brilhante do amor. Tornar-se cada vez menor para poder amar melhor: amar com mais fervor, amar com o coração mais puro, amar com maior frequência, começando cada vez de novo! Ela experimenta que é fraca, mas tenta curvar sua experiência em função desses três aspectos do amor. A fraqueza é a aliada do seu amor.

"Jesus no caminho do calvário caiu três vezes. [...] Você não quereria cair centenas de vezes se fosse preciso para provar seu amor a Ele, e para levantar-se com mais força ainda do que antes da sua queda?" (Cr, 81). "Como custa dar a Jesus o que Ele pede! Mas ainda bem que custa; [...] que alegria inefável é carregar nossa cruz na fraqueza; [...] não podemos perder as provações que Jesus nos manda. São uma mina de ouro que podemos explorar. Vamos perder essa 'chance'? [...] O grão de areia fará o seu trabalho sem alegria, sem coragem, sem força. Essas características todas farão esse empreendimento ter êxito mais rápido: querer agir por amor. O martírio começa agora" (Cr, 82).

Está claro que o desejo de Teresinha, de sofrer e de ser esquecida, não é masoquismo nem prazer mórbido pela morte. Nos escritos da jovem carmelita percebe-se sempre que sua coragem no sofrimento é um amor muito intimamente ligado à pessoa de Jesus, com a finalidade de ser sua alegria, em plena união com Ele. "Reze para que o pobre grãozinho de areia possa continuar sempre no seu lugar. Isto quer dizer: estar debaixo dos pés de todos, que ninguém pense nele, que sua existência, por assim dizer, seja desconhecida. O grãozinho de areia não deseja sua humilhação. Isto ainda lhe daria glória, porque alguém seria então obrigado a se ocupar dele. Deseja uma única coisa: ser esquecido, não ser levado em conta, [...] nem querer que Jesus o veja" (Cr, 95). "A glória de Jesus é tudo. A minha glória deixo-a por conta dele. E, se parece que Ele se esqueceu de mim, é porque Ele está inteiramente livre disto, porque eu não pertenço a mim mesma, mas a Ele. [...] Ele vai se cansar mais rápido de deixar-me esperar do que eu de esperar por Ele!" (Cr, 103).

Teresa fala frequentemente em "ser pequena". Constata-se, porém, uma mudança acentuada quanto ao conteúdo desse conceito. O mesmo conceito pode cobrir vários conteúdos. Nos primeiros anos de sua vida consagrada, a pequenez é principalmente sinônimo de *humildade* a serviço de seu amor por Deus. Mais tarde, ser pequena ou ser criança alcança um sentido mais pleno do que apenas a humildade que, é claro, sempre é uma atitude básica em relação a Deus e uma exigência do amor puro. Mais tarde, pequenez torna-se para ela sinônimo de *esperança confiante,* a esperança de um filho para com seu pai. Pequenez não está, então, mais imediatamente em função do amor por Deus, que ela busca, mas muito mais em função do amor misericordioso de Deus por ela, amor que ela então *recebe.*

Evidentemente, Teresa, nesse primeiro período, é também conduzida pela esperança. Espera fervorosamente, com a ajuda da graça de Deus, alcançar o cume do amor, e ainda bem rápido. Mas deve estar ainda bem mais conscientizada de sua própria incapacidade para fundamentar sua esperança exclusivamente na fidelidade misericordiosa de Deus, que tem nela a sua iniciativa. É preciso passar por uma longa noite de labuta infrutífera (Jó 21) antes que se chegue à consciência existencial de que Deus mesmo e somente Ele nos pode levar à santidade.

Mas, vida é crescimento, e muitas pessoas lutam primeiro com Deus antes de se deixarem vencer por Ele.

No início de seu ingresso no Carmelo, Teresa deseja concretizar o projeto de amor por conta própria, graças ao seu amor. Ela pensa mais: eu quero dar tudo a Jesus; e pensa menos: Jesus me dará tudo. Isso pode ser eloquentemente ilustrado com a bela passagem de sua carta de julho de 1890. Teresa já é, há dois anos e alguns meses, carmelita, mas o "fogo santo" está ainda ardendo a todo vapor e tem intacta a convicção de que se tornará santa se seu amor continuar crescendo. Tem consciência de sua fraqueza, mas isso ainda é sempre visto como uma "chance" para amar de forma ainda mais pura. Mais tarde oferecerá sua fraqueza ao Senhor como uma oportunidade de Ele oferecer-lhe seu amor.

Ela escreve à sua prima Maria Guérin: "Quando não se é nada, não se esqueça de que Deus é tudo. Você deve perder seu pequeno nada no seu *Tudo* infinito e somente pensar nesse *Tudo*, única coisa que é digna de amor. [...] Enquanto você se sentir tão pobrezinha, dará atenção a si mesma. Olhe somente para esse único Bem-amado. Querida Mariazinha, eu por mim não conheço nenhum outro meio para chegar à perfeição a não ser o amor! Amar: para isso o nosso coração foi feito" (Cr, 109).

Não há outro caminho para a perfeição a não ser o amor. Teresa ainda precisa evoluir na sua experiência antes de chegar à descoberta do tão conhecido "pequeno caminho". Principalmente após uma intuição deslumbrante da misericórdia salvífica de Deus, seis anos mais tarde, escreverá: "É a confiança e somente a confiança que nos deve levar ao amor" (Cr, 197).

Seguiremos, agora, mais de perto essa evolução.

2 Sozinha não consigo

Noite de janeiro de 1895. No céu cintilam as estrelas e Lisieux está tranquila. Os pobres reúnem-se em volta do fogo e nas mansões dos ricos burgueses mantêm-se conversas mundanas e frívolas.

Irmã Teresa retira-se ao silêncio da cela. O hábito de pano grosso oferece apenas alguma proteção contra o frio. Está sentada num banquinho que, com o leito duro – colchão de palha sobre dois cavaletes e três tábuas –, forma o único mobiliário da cela.

Há pouco tempo Teresa completara 22 anos, e logo iria fazer sete anos que estava no convento. A jovem tornou-se mulher, com o entusiasmo de antes; porém, mais sábia e com vida interior mais profunda. Ainda tem 32 meses pela frente. No seu corpo, a tuberculose prossegue silenciosamente em sua ação destruidora.

Teresa é uma mulher feliz. Seu coração está cheio de paz, alegria e presença de Deus. A solidão rigorosa do início de uma noite de frio tem algo de festivo. Nos joelhos mantém uma prancheta em que anota pensamentos sobre sua vida, recordações da juventude. Inês, naquela época priora, tinha pedido isso. Após alguma hesitação, Teresa atendera.

O que ela quer pôr no papel é menos sua vida do que a vida do Amado, na sua aventura de amor. Quer contar menos sobre os fatos e mais sobre a bondade gratuita e abundante de Deus, que se tornou clara nos acontecimentos da vida. A vocação, o sofrimento e a luta, toda a sua vida: tudo isso agora sob o signo de um "mistério". Esse mistério desde há pouco tem um nome: "misericórdia".

"Agora estou num período de minha vida em que posso fazer a retrospectiva. Minha alma amadureceu no crisol de provações externas e internas. Agora levanto novamente minha cabeça como a flor fortalecida pela chuva, e vejo que em mim se tornaram realidade as palavras do Salmo 22(23):

O Senhor é o meu pastor, nada me falta.
Em verdes pastagens me faz repousar.
Para as águas tranquilas me conduz
e restaura as minhas forças.
Leva-me por bons caminhos,
por causa do seu nome.

Mesmo que eu tiver de passar por um vale escuro,
não terei medo algum, pois Tu estás comigo,
a teu lado me sinto seguro (A, 3r).

A jovem monja para por um instante. A luz amarelada da iluminação a querosene dança suavemente sobre as paredes nuas da cela. Os olhos de Teresa dançam, como sonhando, pela parede branca. Recordações... tudo foi tão depressa e como num filme... O passado torna-se novamente presente no espírito.

1) Na escola do sofrimento

Teresa vê-se novamente entrando no deserto do Carmelo naquele dia, 9 de abril de 1888, radiante e cheia de entusiasmo. As irmãs a saúdam. Invisivelmente, atrás dela um outro hóspede: o sofrimento. "Sim, o sofrimento estendia novamente seus braços para mim e eu me lancei nele com amor. [...] Quando se quer alcançar o objetivo divino deve-se usar também os meios. Jesus me fez entender que queria dar-me almas pela cruz, e minha atração pelo sofrimento crescia à medida que este aumentava. Durante cinco anos foi esse o meu caminho, mas exteriormente nada se podia perceber do meu sofrimento, que era mais doloroso por ser eu a única que o sabia" (A, 96v).

Em que consistia, portanto, esse estado prolongado de sofrimento? Ao que parece, o que a fez menos sofrer foi o desapego externo do que a vida carmelitana trouxe para essa jovem e frágil mulher: a "solidão material"; a mortificação na alimentação, no repouso noturno, na moradia e calefação. Ela gostava disso, ela o queria. Sente-se então que se está dando alguma coisa, e para uma noviça iniciante esse sentimento de penitência é um fator estimulante e em muitos casos uma fase introdutória à vida consagrada. Espera-se desses gestos a graça da salvação e tem-se a impressão de procura de segurança no caminho para Deus. Inicialmente, Teresa até cultiva exageradamente a penitência física, mas suas superioras não lhe permitem nenhuma extravagância (A, 74v). Contudo, dá até arrepio ouvi-la dizer que durante as frias noites de inverno da Normandia passara frio "a ponto de morrer" (PA, 830).

Mais doloroso é o sofrimento que provém do relacionamento humano. Viver em comunidade não é simples: uma vida inteira com as mesmas pessoas e os mesmos rostos... Marta, uma noviça com quem Teresa convive, gosta de criar problemas. O relacionamento entre a mestra de noviças, Maria dos Anjos, com seu temperamento manso e bem-intencionado, e Teresa, durante dois anos, foi bem difícil, porque com a maior boa vontade do mundo Teresa não conseguiu expressar-lhe a simplicidade de sua alma.

Quanto às suas irmãs consanguíneas, Inês e Maria, é bom destacar que Teresa gostava muito delas, mas não queria e nem podia, no Carmelo, se deter em relações familiares. "Eu não entrei no Carmelo para morar com minhas irmãs, mas somente para responder ao chamado de Jesus. Ah, eu pressentia que haveria sofrimento contínuo se não se desejasse, de forma alguma, ceder às próprias inclinações naturais!" (C, 8v).

E, sobretudo, existe ainda Maria de Gonzaga, a qual, com a interrupção de apenas três anos, durante toda a vida consagrada de Teresa, será sempre a superiora. Ela seria até agradável, e então Teresa quase pudesse se apegar a ela, mas em geral está mal-humorada, é mesquinha, facilmente retrógrada em relação ao grupo Martin e, de modo especial, a Inês, vista como uma competente e futura coordenadora. "Os cinco anos de sofrimento" de que Teresa fala coincidem exatamente com a primeira fase do governo de Maria de Gonzaga. Teresa escreve com precaução: "Nossa madre, que estava muitas vezes doente, tinha pouco tempo para se ocupar comigo. Sei que gostava muito de mim e falava de mim todo o bem possível, contudo o bom Deus permitia que fosse – sem que percebesse – muito severa. Ao encontrá-la recebia sempre alguma repreensão. A mesma coisa acontecia quando ela raramente me dava orientação espiritual. [...] Que graças incalculáveis! [...] O que seria de mim se eu, como pensam as pessoas no mundo, tivesse sido a criança mimada da comunidade?" (A, 70v). Em um escrito posterior dirigido a Maria de Gonzaga, lembra-lhe a educação austera e maternal que recebera (C, 1v); mas ordinariamente é o aspecto rigoroso que pesa mais.

A uma das irmãs Teresa revelou certa vez: "Posso assegurar-lhe que tive muitas lutas. Não passei um dia sem sofrer, nenhum" (PA, 1113). Mas ela não se queixa de forma doentia, e deixa-nos menos pormenores do que teríamos desejado do ponto de vista hagiográfico: "Tudo o que escrevi em poucas palavras exigiria muitas páginas se fosse dar atenção a todos os detalhes, mas essas páginas jamais serão lidas sobre a terra" (A, 75r). Assim, ela deixa tudo isso para o juízo final.

Oração: uma tarefa difícil

As horas fervorosas e místicas de oração que Teresa conhecera antes de sua entrada tinham incentivado seu desejo de solidão no Carmelo. Lá poderia viver sem se incomodar, livre de toda perturbação, só para o amor, numa contemplação não mais perturbada por influências mundanas.

Mas tudo se dá tão diferentemente! Tão recolhida rezava no mundo, tão árida e distraída sente-se agora durante as longas horas de oração no convento! "Eu a aliciarei ao deserto e falarei ao seu coração" (Os 2,16). Mas agora, estando nele, seu esposo raramente se deixa ouvir. "Ele dos rios fazia um deserto, de fontes de água, terra seca" (Sl 107,33). "A secura da oração era meu pão diário" (A, 73v). "Eu deveria achar bastante lamentável que há sete anos já esteja dormindo em minhas horas de oração e de ação de graças" (A, 75v). Seus retiros ainda são menos inspirados (A, 76r). "Jesus cochilava como sempre no meu barquinho" (A, 75v).

Para uma jovem carmelita, que é chamada para estar com o Senhor incessantemente, essa situação inesperada é uma sacudida surpreendente! Aos olhos de uma noviça, o êxito na oração muitas vezes é um termômetro. E o exemplo de seus dois grandes precursores do Carmelo, Teresa de Ávila e João da Cruz, que receberam tantas graças místicas, certamente suscitaram a Teresa indagações de consciência em relação à sua generosidade.

O fato de Teresa atribuir sua secura a "pouco fervor e fidelidade" (A, 74v), visto com objetividade, é absolutamente incerto. Porém, levando em conta a sensibilidade subjetiva de Teresa, tais pronunciamentos não podem ser considerados um modo humilde de falar sobre si mesma. Teresa toma consciência de sua profunda pobreza, e com ela deverá saber viver. Pacientemente deverá construir novas atitudes interiores, processo que se estenderá por vários anos.

Para o crescimento de seu amor, as provações na oração são bem frutíferas. Elas promovem muitíssimo o tornar-se pequena como um grão de areia no seco deserto. Elas não conseguem apagar o seu amor, mas aumentam sua sede por ele (Sl 63,1-2).

> Senhor, Tu és o meu Deus,
> há muito que te procuro com grande ansiedade.
> Como a terra seca do sertão à espera da chuva,
> todo o meu ser anseia por ti, Senhor.

A generosidade de Teresa adquire uma nova feição: "Jesus me ensina de que maneira posso dar prazer a Ele e exercitar as virtudes mais sublimes" (A, 76r). Silenciosamente crescem humildade, desapego, confiança e entrega. Teresa aprende a reagir habilmente a partir de uma fé esclarecida e um amor sincero, que não pensa em sua própria vantagem. "Hoje, mais do que ontem – se isto for possível estou privada de toda consolação. E agradeço a Jesus, que julga ser isso bom para minha alma. Ainda por cima, se Ele me consolasse poderia parar nessas consolações, mas Ele quer que tudo seja para Ele. [...] Pois bem, tudo será para Ele, tudo, mesmo quando nada tiver para lhe oferecer; então, como nada existe, dar-lhe-ei esse nada [...]" (Cr, 76). "Se soubesse como é grande minha alegria de não ter a menor alegria, para dar prazer a Jesus! [...] É uma alegria purificada, mas de modo algum sentida" (Cr, 78).

Após dois anos e meio de vida religiosa é permitido a Teresa fazer sua profissão no dia 8 de setembro de 1890! Durante seu retiro preparatório bem árido, a carta que escreve a Inês dá-nos uma boa imagem de suas atitudes interiores, estando agora no limiar de sua entrega total.

"Mas é preciso que a pequenina eremita lhe diga o itinerário de sua viagem. Antes de partir, seu noivo pareceu perguntar-lhe para que país desejava viajar e qual o caminho desejava seguir. A pequena noiva respondeu que tinha apenas um desejo, o de subir ao cume da montanha do amor. Para lá chegar, muitos caminhos se ofereciam; havia tantos e tão perfeitos que ela se sentia incapaz de escolher. Então disse ao seu divino guia: 'Sabeis aonde desejo ir, sabeis também por quem quero galgar a montanha, por quem quero atingir a meta, e conheceis aquele que amo e quero unicamente contentar. É só por Ele que eu empreendo esta viagem. Levai-me, pois, pelos caminhos que Ele gosta de percorrer, desde que Ele fique contente, muito contente'. Então Jesus tomou-me pela mão e fez-me entrar num espesso subterrâneo, onde não faz frio nem calor, onde o sol não brilha, onde não há chuva, nem vento, um espesso subterrâneo onde nada enxergo senão uma claridade velada; e esse fenômeno espalha-se pelos olhos abatidos do rosto de meu noivo! [...] Meu noivo nada me diz, e eu também nada lhe digo a não ser que o amo mais do que a mim, e sinto no fundo do coração que é assim, pois sou mais dele do que de mim mesma! [...] Não vejo se progredimos em nossa viagem rumo ao cume da montanha, pois agora o caminho é feito subterraneamente, e, no entanto, parece-me que nos aproximamos dele sem saber como. O caminho que sigo não me oferece nenhuma consolação, mas me proporciona todas as consolações, porque Jesus escolheu esse caminho e porque quero consolar a Ele só, só a Ele" (Cr, 110).

Nessa leitura aparece sempre a convicção de que o amor fiel levará Teresa, seja como for, ao topo da montanha. O caminho, no entanto, está escuro. Mas, amar é segurar a mão do Senhor e deixá-lo agir.

Aqui, algo de novo está nascendo! Aparece um movimento de doação crescente que, ao fim de 1894, desembocará na descoberta de seu definitivo "pequeno caminho". Então ela sente que Deus a carrega em seus braços e a leva ao topo (C, 3r).

"A maior cruz que posso imaginar"

Uma prova ainda maior leva Teresa inegavelmente a uma doação crescente: a decrepitude dolorosa do Sr. Martin, a qual atinge fulminantemente o coração da jovem filha.

Teresa acaba de entrar para o convento quando certo diagnóstico indica a decadência da saúde do pai. Com 66 anos ele sente-se bruscamente cansado. A arteriosclerose e outros males acarretam-lhe consequências psíquicas catastróficas. Três meses após a entrada de Teresa no Carmelo, o pai fica totalmente fora de si e foge de casa. Onde estará ele? Viverá ainda? Será que ele?... Uma intranquilidade mortal toma conta de todos. Com o coração angustiado, suas três filhas acompanham, no Carmelo, as buscas. É a impotência total. Para Teresa somente Jesus na cruz pode ser sinal de esperança. Novos surtos da doença retardam por alguns meses a cerimônia de vestição de Teresa. Será que ainda tudo irá dar certo? Esse homem profundamente religioso poderá estar presente no dia 10 de janeiro de 1889? Sim, e isso é para Teresa como um raio de sol no seu céu nublado. "Meu querido rei! Ele nunca me parecera tão bonito, tão digno! Todo o mundo tinha admiração por ele. Esse era seu dia de triunfo, sua última festa aqui na terra (A, 72r).

Mas a saúde do Sr. Martin deixa muito a desejar. Sua linguagem muitas vezes se atrapalha. Seus negócios financeiramente são questionáveis. Amadores em psiquiatria sugerem que sobretudo a partida de Teresa, pupila de seus olhos, levara-o a isso. Teresa sente essas "alfinetadas". Do mundo já não lhe importa mais nada. Sofre amargamente, e escreve para Celina: "Jesus está aí agora com sua cruz!... Para que servem a nós as coisas do mundo? Havia de ser nossa pátria este lodo tão pouco digno de uma alma imortal? E que importa que homens mesquinhos apanhem o bolor que brota sobre esse lodo? Quanto mais no céu estiver nosso coração, menos sentiremos as alfinetadas. [...] Então nossa vida é um martírio, e um dia Jesus nos dará a palma. Sofrer e ser desprezado! Que amargura, mas também que glória!" (Cr, 81).

O drama alcança seu ponto mais alto. O Sr. Martin tem agora novas alucinações e se escamoteia em sua casa, armado de um revólver. Teme-se pelas suas filhas Celina e Leônia, que, junto com a empregada, ainda estão em casa. Ajudadas por Isidoro Guérin, cunhado do pai, conseguem desarmá-lo. No mesmo dia é internado num instituto psiquiátrico em Caen, 12 de janeiro de 1889. "Nossa grande riqueza", anota Teresinha mais tarde na listinha de seus dias de graça [...] (A, 86r).

Mas naquele dia a espada atravessa o coração dela. "Ah, nesse dia eu não disse que poderia sofrer ainda mais!!!" – confessa Teresa. Palavras não são capazes de expressar nossas angústias. Nosso querido pai bebeu do cálice mais amargo, o mais humilhante de todos os cálices" (A, 73r). E Teresa também. Até o fundo...

Junto com seu pai, o grão de areia sente-se esmagado debaixo de todos os pés, humilhado e pisado. Seu nobre rei está louco... Na cidade, está na boca do povo e em sua família também. No convento, as irmãs estão mais silenciosas. A mentalidade do século XIX era impiedosamente dura para esse tipo de doença. Teresa pensa nos métodos repressivos que seriam adotados no tratamento. Solitário na instituição, bem longe – como ela no seu convento – o pai estaria confiado a mãos estranhas, tendo cinco filhas... Por quanta dor ela passou! Como sangra seu coração!

"Jesus é um esposo de sangue" – escreve ela, quatorze dias depois. Ele quer para si todo o sangue que corre num coração" (Cr, 82). "Essa cruz era maior do que eu podia imaginar" (Cr, 155). Por três anos o Sr. Martin permanecerá na instituição. Após alguns meses Les Buissonets foi desocupado. Outras pessoas irão morar lá. Nada mais resta da juventude de Teresa.

Pode-se deduzir, nas entrelinhas dos escritos de Teresinha, uma outra luta: estaria perplexa diante de Deus. Todos os acontecimentos são chocantes, são alarmantes.

Para ela, jovem de 16 anos, a experiência de um pai tão piedoso e sábio fora muito importante na construção de sua imagem de Deus-Pai. O pai para ela era a imagem do divino. Como filha, bastava-lhe "observá-lo para saber como os santos rezam" (A, 18r). Em meados do ano que findara, ela tinha visto como "durante suas visitas diárias ao Santíssimo Sacramento frequentemente apareciam lágrimas nos olhos dele, e seu semblante brilhava de felicidade celestial" (A, 71v). No Carmelo acabou por escrever: "Quando penso em ti, querido paizinho, penso automaticamente no bom Deus" (Cr, 58).

E agora, de repente, ele começa a falar e fazer coisas tão desconexas e alucinantes... A imagem divina se rompe em pedaços. Deus, de repente, torna-se inteiramente diferente, mais estranho, mais incompreensível.

A jovem de 16 anos confronta-se com o mistério... Surgem, então, na mente da pequena pensadora, na solidão do Carmelo e sob o peso esmagador do sofrimento, as eternas perguntas – mesmo que as queira reprimir: Por que Deus permite isso? Ele que é tão bom! Isso é ser justo para com alguém que o serve tão fielmente? (Em cada homem se esconde um Jó interrogador.) Esse é o saldo para quem reza tão fervorosamente, tantas vezes e com tanta fidelidade? (O fiasco de sua oração... Como Deus nos atende?) Certamente se diz – e Teresinha repete isso continuamente e em voz alta – que o sofrimento é um privilégio para aqueles que são muito amados por Deus e que tudo será recompensado no céu. Mas existe um céu?

Que Teresinha tenha sentido nascer em si essa pergunta não é meramente uma suposição. (Pergunta que ainda surgirá mais tarde, de forma muito aguda, nos dois últimos anos de sua vida, quando ela se tornará uma gigante na fé.) Na autobiografia ela silencia esse período de internação do pai no instituto psiquiátrico, propositalmente. No entanto, deixa escapar a seguinte frase bem compreensiva: "Eu tinha, naquele tempo, grandes provações interiores de toda ordem, a tal ponto que às vezes me perguntava se existia um céu" (A, 80v).

Em suas cartas pode-se perceber quão ferrenhamente ela resiste! A linguagem de "luta" está claramente presente. Mais forte do que nunca afirma sua fé, acima de todo o visível e compreensível. Na sua intimidade com Jesus se declara pronta para todo o sofrimento. Podemos descobrir uma certa "cãibra" em suas cartas. E como poderia ser de outra maneira? É um tempo de luta, ainda mais se considerarmos sua idade de 16 a 17 anos.

Mas como Jesus, que "na escola do sofrimento aprendeu a obediência" (Hb 5,8), assim Teresa amadurece no mesmo "crisol" (A, 3r). Do brejo brotam raras flores: humildade, desapego, confiança, entrega. Já falamos sobre elas no contexto da oração, e de como nunca a oração é tão necessária quanto na hora da dor. Mais tarde Teresa retornará a esse período e escreverá: "Os três anos de martírio de papai me parecem os mais dignos de amor e os mais fecundos de toda a nossa vida. Meu coração transborda de gratidão quando penso nesse tesouro inesquecível" (A, 73r).

O novo espelho de Deus

Também em nível teológico o crescimento de Teresinha é surpreendente. Agora que o antigo espelho que ela tinha de Deus tinha se esfacelado, descobre bem mais intensamente do que antes o verdadeiro espelho de Deus, Jesus, o mensageiro do Pai.

Jesus, o ressuscitado, sofreu primeiro. Durante sua grande e confusa provação, Teresa descobrirá a sagrada face do Senhor. No dia de sua vestição, a jovem carmelita, como se pressentisse o futuro, acrescentou ao seu nome religioso, Teresinha do Menino Jesus, as palavras: da "Sagrada Face". Imitação e semelhança são duas linhas de força que doravante a ligarão mais ainda a Jesus sofredor. Jesus lhe ensina quão longe pode ir a fidelidade e o amor. Dois meses após o golpe pesado de Caen, Teresa escreve a Celina: "Para ser esposa de Jesus deve-se ser semelhante a Ele. Jesus está inteiramente ensanguentado. Foi coroado de espinhos. [...] Jesus arde de amor por nós. Olhe para seu rosto adorável! Olhe para os olhos apagados e reclinados! Olhe suas feridas! Encare Jesus de frente, e aí você verá como Ele nos ama" (Cr, 87). "Sim, o rosto de Jesus é brilhante; mas, se coberto de ferimentos e lágrimas Ele está tão bonito, como será então quando o virmos no céu? Oh, o céu, o céu!" (Cr, 95).

Agora Teresa sonda "as profundezas do tesouro que está oculto na Sagrada Face. [...] O mistério de amor no rosto do esposo" (A, 71r). No verão de 1890 cita pela pri meira vez bem detalhadamente os capítulos 53 e 63 de Isaías, que falam sobre o rosto oculto do Homem das dores que carregou nossas dores, pisando totalmente a uva no lagar, enquanto olhava ao redor, procurando ver se havia alguém que lhe estendesse a mão (Cr, 108).

Mais e mais, a atenção da jovem Teresinha volta-se para a Sagrada Escritura. Jesus não é mais somente seu ideal e seu amor, mas também sua verdade e seu argumento. Teresinha foi batizada e educada na fé, e essa fé foi confirmada e alimentada pelo ensino e pela leitura, tendo como prato principal a *Imitação de Cristo* e o livro de Arminjon: *Sobre o fim do mundo atual e os mistérios da vida futura*. Durante a doença do pai entra, então, numa terceira fase: a de uma fé tradicional para uma fé assumida pessoalmente!

Confrontando-se com o grande sofrimento dos outros e de si mesma, surgem dessa situação existencial as eternas perguntas do homem. Não é que Teresa coloque essas perguntas sistematicamente, mas nessa vida de sofrimento tais perguntas surgem em sua mente espontaneamente, no mais profundo do seu ser.

Agora essa fé reassumida é correspondida pessoalmente. Teresa é uma pequena "pensadora". Palavras como "procurar", "encontrar", "compreender" encontram-se em seu vocabulário – respectivamente, 46, 137 e 144 vezes só na sua autobiografia. Seu espírito vivo é crítico, e ela não quer passar por uma desiludida! A natureza de sua lúcida inteligência cobra razões sérias antes de aceitar a sobrenatureza. As perguntas da época moderna continuarão emergindo no seu espírito. "Vivemos num século de descobertas", escreverá (C, 2v). Os materialistas não lhe dirão nada; ela é que perscruta a futilidade de seus argumentos ocos. Ela mesma tem respostas prontas. "Os raciocínios dos materialistas radicais ocupam forçosamente minha mente", confidencia a Inês pouco antes de sua morte. Ela sabe muito bem: "A ciência mais tarde fará sem cessar novas perguntas. Tudo se explicará naturalmente, e serão dadas explicações a todos os problemas e também a tudo o que ainda continua um problema, porque muito ainda deve ser descoberto etc., etc." Não é nenhuma ingênua essa Teresinha Martin!

Antes de seus 16 anos "não tinha ainda descoberto os tesouros que estão no Evangelho" (A, 47r). Alguns anos depois poderá dizer: "No Evangelho encontrei tudo o que minha pobre alma necessita. Descubro nele sempre coisas novas, significados ocultos e misteriosos" (A, 83v). Eles lhe dão segurança. Teresinha intui: como teriam chegado essas primeiras testemunhas pessoais, inteligentes e críticas, como Mateus, Lucas, João e Paulo (monoteístas ferrenhos!) à fé em Jesus Cristo, como Senhor e Filho de Deus, sem razões fortemente convincentes? Ela será sempre muito sensível aos milagres de Jesus, e com gosto detém-se sobre eles em seus escritos, de modo especial sobre o grande milagre da Ressurreição do Mestre, sinal por excelência dado pelo Pai, a "assinatura da seriedade da mensagem de Jesus".

Um ano antes de sua morte, ainda compõe uma "concordância" pessoal das narrativas da ressurreição. Ela "estudou" muito o seu Evangelho!

Teresa é uma pesquisadora séria. "Jesus, Vós sabeis, eu procuro a verdade" (B, 4v). Algumas horas antes de sua morte ela diz: "Sim, eu creio que não procurei outra coisa a não ser a verdade" (UC, 186). Sempre se coloca à escuta do Senhor, mesmo em caso extremo, e responde: "Amar é doar tudo e doar a si mesmo" (CG, 54).

Teresa conheceu a noite escura. Podia haver tempestades, mas diante disso tudo estava o *fato Jesus,* que lhe dava toda a segurança. "Eu corro para meu Jesus" (C, 7r). Esta frase revela grande experiência da sua realidade e da sua ação nela. Não conseguiria mais viver sem Ele.

Retornando para o período da enfermidade do pai, constatamos que ainda não receberá a abundância de confirmação divina, mas, já bem amadurecida na sua grande dor, descobre o corpo de Jesus e olha muito para Ele. Ela vê que o Pai não impediu o sofrimento e a morte de seu Filho amado. Jesus assumiu seu sofrimento no amor. O Pai faz seguir à morte a vida. Para Teresa, o mistério incompreensível do sofrimento não está mais de forma alguma sem sentido nem em contradição com a bondade do Pai. Jesus torna-se o seu grande argumento, a sua palavra e a sua grande certeza. Enfim, ela não pretende saber melhor do que Ele. Agora sua fé é autenticamente cristã.

Teresa é uma figura muito atual, porque tanto conheceu as interrogações como encontrou as respostas para elas. Mas mil perguntas e mil tentações não suscitaram uma única dúvida a respeito de Jesus. Nunca soltou a mão dele. Ao escrever sobre sua noite escura de fé, falará, sim, sobre "trovão" (B, 2r), "treva", "luta", "vexame", "provação", "túnel", "neblina", "noite" e "muro" (C, 5v-7v), mesmo sobre "tentações" (C, 11r), mas nunca sobre dúvida. Se houver alguma pergunta na sua inteligência, isso não significa que sua essência mais profunda divide ou dê uma resposta, mas Deus sempre oferecerá uma saída.

Por isso Teresa nunca foi realmente revoltada. Em Deus e na sua fé reencontra sempre a "paz", essa paz "que não me abandonou nunca nas maiores provações" (A, 69v). Mas acrescenta: "Quem diz paz não diz necessariamente alegria, ou pelo menos não diz alegria sentida" (Cr, 87).

Nem todo cristão precisará passar pelo mesmo sofrimento de fé de Santa Teresinha. Cada um de nós é diferente. Apoiamo-nos na pessoa de Jesus, na fé da Igreja, de Nossa Senhora e dos grandes santos, como Teresinha. É uma graça da Igreja para nós. "Eu amo a Igreja", disse Teresa. No nosso caminho pessoal podemos fazer uso da luz que os outros nos fornecem.

2) A tarefa impossível

Essa jovem de 16 para 17 anos não está unicamente a caminho para tornar-se uma mulher de fé adulta, mas já é uma apaixonada por Deus! Agora o ama de todo o coração, com doação total!

Com essa intenção deixou a casa paterna: "Eu quero tornar-me santa. Um dia destes li alguma coisa de que gostei muito. Eu não me lembro qual o santo que disse isso, mas o conteúdo era: Eu não sou perfeito, mas *quero* tornar-me" (Cr, 45). Teresa destaca o *quero!*

Durante os primeiros meses de sua vida conventual repete frequentemente esta frase em sua correspondência: tornar-se "santa", uma "grande santa" (Cr, 52, 72 e 80). A Priora Maria de Gonzaga coloca ainda mais lenha na fogueira, apontando para a vida da padroeira de Teresinha: "Você deve tornar-se uma segunda Santa Teresa!" A própria convicção de Teresinha ressoa na carta a Celina: "O que você talvez não saiba é o amor que Jesus lhe oferece, um amor que exige *tudo*. Nada é impossível para Ele. Ele não quer colocar limites à *santidade* de seu lírio! Seu limite consiste nisto: que Ele não conhece limites! [...] Nós somos maiores do que todo o universo" (Cr, 83).

Tornar-se santa, o que é isto? Para Teresa, ser santa é responder às exigências radicais do amor, sejam quais forem as consequências. Celina é novamente caixa de ressonância: "Jesus te pede *tudo, tudo, tudo* quanto pode pedir aos maiores santos" (Cr, 57) – ela sublinha o tríplice "tudo" respectivamente 2, 3 e 5 vezes!

Mas ela tem consciência do que significa doar tudo? Os propósitos podem estar cheios de entusiasmo, mas, quando as exigências se sucedem incessantemente como ondas, a pessoa sente-se logo pobre e espoliada – mesmo para uma futura Santa Teresinha de Lisieux. Jesus não veio trazer a paz, mas a espada (Mt 10,34) e a cruz diária (Lc 9,23). Não existe discípulo superior ao mestre nem servo superior ao seu senhor (Mt 10,24) (cf. Cr, 57). O Senhor mesmo ficou banhado de suor na iminência dos sofrimentos que o conduziriam à morte (Lc 22,44). O homem falhará, mas Jesus lhe ensinará a rezar pedindo perdão (Mt 6,12).

Teria a jovem Teresinha consciência de sua "presunção" quando escreve: "É incrível como meu coração me parece grande quando considero todos os tesouros da terra, pois todos juntos eles não me poderão satisfazer. Mas quando olho para Jesus, como sinto meu coração pequeno! Quisera amá-lo tanto! Quisera amá-lo mais do que Ele tenha sido amado" (Cr, 74).

Uma espécie, portanto, de recorde mundial de amor para com Deus! Como já vimos, igualar e se possível superar o amor de uma Teresa de Ávila! Uma santa competição do mais alto nível, comparável à confrontação do pequeno Davi com o gigante Golias!

O intenso sofrimento que Teresa sente revela-lhe certamente as próprias limitações. Mas por enquanto continua considerando sua fraqueza e suas falhas como um acréscimo de sofrimento, o que em certo sentido é um privilégio, porque assim pode amar a Deus ainda mais humilde e intensamente; não com um amor menor, mas com um amor bem mais realista! Não, não, a jovem noviça não esmorece no seu ideal. Suas cartas dão testemunho de sua noção de fraqueza, cada vez maior.

"Que graça quando, pela manhã, não sentimos nem a coragem nem a força para praticar a virtude. Então está aí o momento de pôr o machado na raiz. Em vez de perder tempo em apanhar algumas palhinhas, recolhem-se diamantes! Que lucro no final do dia!" (Cr, 65). "Preciso muito pedir-lhe emprestado um pouco de força e coragem, coragem que nos leve a vencer tudo" (Cr 75). Ela se diz a fraqueza em pessoa (Cr, 79).

Concretamente falando, é uma felicidade: "Quisera que o teu coração fosse uma chama que subisse para Ele sem a mais leve nuvenzinha de fumo. [...] Atende bem, que o fumo que te envolve é só para ti, para te tirar toda a vista do teu amor para com Jesus. A chama só é vista por Ele. Ele toma-a toda, porque, quando a mostra um pouco, depressa vem o amor-próprio como um vento fatal que apaga tudo! (Cr, 81).

"Que alegria inefável a de carregar nossa cruz na fraqueza!" (Cr, 82). O sofrimento para Teresinha tem uma lição positiva: "Não julguemos poder amar sem sofrer, sem sofrer muito. Aí está a nossa pobre natureza, que não nos foi dada em vão. É a nossa riqueza, o nosso ganha-pão! Tão preciosa é que Jesus veio de propósito à terra para possuí-la. Soframos com amargura, quer dizer, sem coragem! [...] Jesus sofreu com *tristeza:* a alma sofreria sem tristeza? E quereríamos nós sofrer generosamente, grandemente? Celina! Que ilusão! Quereríamos não cair nunca? Que importa, meu Jesus, que eu caia a cada instante. Vejo nisso a minha fraqueza, e é para mim um grande lucro" (Cr, 89).

Um pouco antes da sua profissão, após quase dois anos e meio de vida consagrada, ela confessa: "Você se engana se acredita que Teresa anda sempre com fervor no caminho da virtude. Ela é fraca, muito fraca. Todos os dias experimenta novamente a fraqueza, mas Jesus se compraz em lhe ensinar, como a São Paulo, a ciência de se glorificar nas suas enfermidades. É uma graça muitíssimo grande, e peço a Jesus que a ensine a você, pois só nela está a paz e o descanso do coração" (Cr, 109).

Sob alta tensão

Esse alto ideal de Teresa, alimentado por enquanto de forma excessiva por conta própria, coloca-a diante de uma missão muito pesada! Ela não pode deixar escapar nenhuma oportunidade de amar, mas também não deseja isso. Reforça mais seu zelo pelas pequenas coisas; não permite nenhuma brecha numa muralha de defesa! Durante o processo de sua canonização, suas irmãs de convento ressaltam sua total fidelidade ao menor ponto da regra, ao menor desejo manifestado por Maria de Gonzaga e do qual a mesma madre já se teria esquecido alguns dias depois. Estaria à beira da depressão e obsessão se não estivesse motivada pela chama do amor.

Nas suas cartas aparecem expressões que sublinham sua especial atenção e valor pelas coisas pequenas: uma "lágrima", um "suspiro", um "olhar", uma "palhinha", uma "alfinetada"... "Oh, saibamos aproveitar todos os momentos! Façamos como os avarentos, sejamos ciumentos das mais pequeninas coisas em favor do Bem-amado" (Cr, 101).

A palavra "impossível" está por enquanto riscada do seu vocabulário. O amor pode tudo, as coisas mais impossíveis não lhe parecem difíceis. "Jesus não olha tanto o tamanho de nossas ações ou se elas são muito difíceis, mas sim o amor que nos leva a elas" (Cr, 65). Portanto,

54

não o "que", mas o "como" e o "porquê" determinam o valor de nosso "pobre, fraco e pequeno amor". Sem dúvida "deixamos passar alguns momentos na coleta de nossos tesouros, mas por um único ato de amor, mesmo quando não o sentimos, estará tudo refeito" (Cr, 65). Ela também tem a impressão de que o amor e o sofrimento caminham juntos: "Quanto mais o lírio cresce em amor, tanto mais deve crescer em sofrimento" (Cr, 83).

O ideal do martírio faz essencialmente parte da vida de Teresa. Aos 9 anos essa menina escutou o chamado para a grande aventura da santidade, inspirada pela leitura dos fatos heroicos da mártir Joana d'Arc. Teresa sente que também ela "nascera para a glória", mas que "sua glória não se tornaria visível aos olhos dos mortais e consistiria em tornar-se uma grande santa" (A, 32r). Joana d'Arc continuará sendo uma alma irmã, e a carmelita comporá duas pequenas peças teatrais sobre ela (RP, 1 e 3). O martírio é "o sonho de sua adolescência [...], e esse sonho cresce com ela nos corredores do Carmelo" (B, 3r).

"O martírio começa agora – escreve em sua primeira carta depois que o pai fora internado –, entremos juntas na arena" (Cr, 82). "É melhor morrer do que abandonar o glorioso campo de batalha onde Jesus nos colocou!" (Cr, 3). O anticlericalismo enfurecido da França não excluía a possibilidade de perseguição à Igreja, mas Teresa não espera por ela: "Antes de morrer pela espada, morramos a 'alfinetadas'" (Cr, 86). "O martírio oculto, somente conhecido por Deus, sem honra, sem triunfo [...], é esse amor levado até o heroísmo" (Cr, 94).

Tendo diante de si o Servo de Javé, Teresa sente "sede de sofrer e ser esquecida" (A, 71r). Como seu mentor espiritual, São João da Cruz, ela escolhe "aqui embaixo, como partilha única, o sofrimento e o desprezo" (A, 73v). Se, segundo Teresa de Ávila, a vida é apenas uma noite passada num hotel ruim, Teresa acha que é melhor alegrar-se num hotel que seja "inteiramente ruim do que ser ruim pela metade" (Cr, 49). Portanto, conclui: sofrer e continuar sofrendo para sempre (Cr, 81).

O sofrimento recebe nesse período uma auréola! Três meses depois de "Caen", Teresa definirá a santidade como uma vontade decidida e apaixonada de sofrer por amor: "A santidade não consiste em dizer belas coisas nem mesmo em pensá-las ou senti-las! Consiste no sofrer, e no sofrer em tudo". E a jovem monja recorre mais uma vez à autoridade do Padre Pichon: "Santidade! É preciso conquistá-la empunhando a espada [...], deve-se sofrer [...], deve-se passar por uma agonia..." (Cr, 89).

"E o que acontece com papai não é uma "chance" de ouro? Que privilégio Jesus nos concede, enviando uma dor tão grande! [...] Ele nos cumula com seus favores, como também fez com os grandes santos. Agora nós não temos mais nada a esperar na terra, somente sofrimento e mais sofrimento. E, ao término desse sofrimento, o sofrimento continuará estendendo suas mãos para nós. Que sorte invejável!" (Cr, 83).

Inconscientemente Teresa sustenta o pensamento de que a santidade depende do seu sofrimento e, portanto, dela mesma. Tem de "conquistá-la" com a "espada na mão" e pagá-la com seu sangue. Cada fragmento de sofrimento é uma pequenina moeda de ouro com a qual se compra o tesouro precioso da santidade. As "chances" são muitas. Teresa se vê nessa situação, "cercada de imensas riquezas" (Cr, 81). Tal provação "é uma mina de ouro que podemos explorar" (Cr, 82). E Teresa recorda à sua irmã Maria as palavras com as quais ela outrora, em "Les Buissonets", animava sua irmãzinha: "Ouço-te dizer: 'Olha os comerciantes, como pelejam para ganhar dinheiro, e nós podemos juntar tesouros para o céu a todo instante e sem muito esforço. Nós podemos apanhar diamantes sem muito esforço'. E eu ia embora com o coração cheio de alegria e de bons propósitos! Talvez sem ti não estaria no Carmelo" (Cr, 91).

Filha de dois comerciantes

Revendo os primeiros anos de Teresa percebemos que a sua educação religiosa está bastante "voltada para conquistar e coletar, ganhar e somar". Isto lhe trouxe consequências felizes na formação. Motivou a generosidade, a força de vontade e o progresso espiritual; promoveu a atitude do "faça você mesma" de sua inclinação espiritual, visto ter ela uma natureza fortemente inclinada à autodeterminação.

Não podemos nunca deixar de considerar o fato de ser ela filha de negociantes. O pai tinha trabalhado durante vinte anos em negócios de relógios e joias. Alguns anos antes do nascimento de Teresinha, ele passara a relojoaria a outros e dedicara-se inteiramente ao comércio de rendas de sua esposa, ainda mais lucrativo.

Fazer negócios, trabalhar, ganhar dinheiro, lucrar e administrar, tudo isso pertence inteiramente ao ambiente em que nasceu Teresinha. É esse o ar que ela, como também suas quatro irmãs mais velhas, respiram. A família Martin tem espírito empreendedor também em negócios de vida espiritual e santidade. Teresinha, aos 4 anos, já participa das "práticas": fazer e somar pequenos sacrifícios voluntários (A, 8v; A, 11r). Bem cedo recebe aulas de Inês, e todo ano uma solene distribuição de prêmios inaugura as grandes férias. Mas somente prêmios, para os quais Teresa tinha trabalhado duramente! "Também aí, como sempre, era honrada a justiça, e eu recebia somente os prêmios que havia merecido." A associação que agora segue é significativa: "Meu coração exultava de alegria quando recebia um prêmio e a coroa. Era para mim, por assim dizer, de direito" (A, 19v). Pela justiça recebem-se os prêmios merecidos!

Depois de Inês ter partido para o convento, Maria assume o trabalho da educação dela. Observe-se como essa irmã mais velha prepara Teresinha, de 11 anos, para a Primeira Comunhão: "Eu me sentava em seus joelhos e escutava avidamente o que ela me contava; [...] como os grandes heróis de guerra ensinavam a seus filhos como usar as armas, assim ela me falava sobre a *luta* da vida e sobre a palma da vitória. Maria me falava sobre as riquezas imortais que se podem facilmente ajuntar cada dia, e como é triste deixar de estender a mão e apanhar essas riquezas".

Luta, riqueza... e os meios: "ela ainda me ensinava a maneira de tornar-me santa pela fidelidade nas pequenas coisas. Dava-me uma pequena folha com o título: 'Sobre a abnegação de si', que eu meditava com prazer" (A, 33r). Tornar-se rica à maneira de um comerciante espiritual, com a precisão e a atenção de um relojoeiro, no trabalho caprichado de rendas das menores coisas: está no sangue de Teresinha.

Do Carmelo, Inês não deixa de dar seu testemunho. Ela escrevera um belo livrinho para ser usado durante 10 semanas; para cada dia continha uma pequena oração, sempre com o desenho de uma flor. Teresa devia, diariamente, durante a preparação para a sua Primeira Comunhão, repetir a pequena oração e fazer muitos pequenos sacrifícios, simbolizados pela flor. Esses sacrifícios deviam ser anotados no livrinho, e no dia de sua Primeira Comunhão ofereceria tudo a Jesus. Teresa estava nas nuvens. "Você não sabe como eu fiquei feliz quando Maria me mostrou o belo livrinho. Eu o achava maravilhoso. Nunca tinha visto algo tão bonito, e meus olhos ficavam grudados nele... Todos os dias procurava fazer o maior número de boas ações e me esforçava para não perder nenhuma oportunidade. Rezava do fundo de meu coração as pequenas orações que exalavam odor como rosas" (Cr, 11). Sua escala de pontos ia alta! Para 68 dias: 1.949 sacrifícios e 2.773 preces.

O ensino na escola da abadia acentuava também a importância da prática das boas obras e a sua perseverança. Teresa registra no livrinho em que resume as pregações do retiro de sua Primeira Comunhão: "Eu fiz o propósito de me esforçar para viver bem comportada e para poder oferecer a Deus muitas boas obras".

Retornemos ao Carmelo, onde Teresinha então se dedica à escola do sofrimento. Agora, mais do que nunca, deve realizar o que antes aprendera com Maria! Pouco antes de sua entrada fizera o propósito: "Eu desejo apenas uma coisa ao estar no Carmelo: sofrer sempre por Jesus. A vida passa tão rápido que realmente é melhor ter uma coroa bonita com algum sofrimento do que uma coroa comum sem sofrimento" (Cr, 43b). Sua vigilância é grande: "Para uma carmelita um dia sem sofrimento é um dia perdido" (Cr, 47). "O grãozinho de areia quer preparar para si e para os pecadores uma bela eternidade, apesar de sua pequenez" (Cr, 54).

Há necessidade de muita luta e sofrimento. Devem-se ajuntar riquezas espirituais: já falamos sobre essa linguagem de luta às vezes dolorosa e muitas vezes com um colorido "econômico" dos primeiros anos da vida religiosa de Teresa. "Para Jesus nunca se sofre demais" (Cr, 55). E junto a tudo isso acrescente-se também ainda a pressa – pois o tempo avança com uma velocidade angustiante (Cr, 62). Solução: "Apressemo-nos em trançar a coroa" (Cr, 94).

O ideal é tão alto e tão difícil que exigirá esforços sobre-humanos. Mas isso não é possível, isso não é humano. Dessa colocação nascem as queixas que já ouvimos sobre sua pequenez, seu tédio, sua fraqueza de todos os dias. Teresa deve evoluir e ser purificada inteiramente para poder se apresentar a Deus de mãos vazias. Porque chegara à conclusão de que a misericórdia de Deus é que deveria triunfar em sua vida, e não o mérito pessoal de suas obras.

Questões de consciência

Há ainda uma outra coisa. As hesitações inevitáveis quanto ao amor perfeito evocam na noviça fervorosa questões íntimas de consciência. Também por elas está sendo preparada para não buscar sua santificação por seu próprio esforço.

Teresinha tem uma consciência muito delicada. A menor falta tem uma grande ressonância. A sensibilidade apurada e a magnanimidade de sua alma fazem dela uma jovem maravilhosa. Quando garota, teria ficado acordada toda a noite se achasse que Deus podia não ter estado contente com ela no dia anterior. Mais tarde essa sensibilidade degenerará em ansiedade e escrúpulo, que virão à tona sob a influência de uma frustração ativa e latente (desde a morte de sua mãe), e certamente também pela total ausência de educação sexual nos seus anos de puberdade (A, 39r e 44r).

Tendo passado por essa crise, continua pendente nela ainda uma inquietação oculta. Pagou um alto preço à moral da época, que facilmente falava em pecado grave. É um alívio enorme para ela o fato de o Padre Pichon, um pouco depois de sua entrada no Carmelo, ter lhe assegurado que nunca havia cometido pecado mortal. Mas ele escreve: "Se Deus tivesse entregado você a si mesma, teria se tornado um pequeno demônio, em lugar de um pequeno anjo". "Não me era difícil dar crédito a essas palavras – diz Teresa –, e sentia que era fraca e imperfeita." Todavia, o motivo de suas angústias de consciência é estranho: "Eu estava com tanto medo de ter maculado a veste do meu batismo" (A, 70r). Parece, portanto, que não se tratava unicamente e nem tanto de um temor de estado atual de pecado, senão de uma espécie de ponto de honra: toda a sua fidelidade no passado, nenhuma mancha no brasão... Portanto, isso tem a ver com o cuidado de ser perfeita, ter alcançado o fim aos olhos de Deus, um fim recompensado, de modo que não se sentisse magoada olhando para si mesma. Uma boa solicitude, mas pode estar ocultando uma autossuficiência sutil. Estamos, em todo caso, muito longe da linha comportamental que Teresa seguirá no apogeu de sua maturidade espiritual, quando cada olhar sobre si mesma é solucionado com o olhar da misericórdia infinita de Deus: "Teria a mesma confiança se tivesse cometido todos os crimes possíveis. Sinto que toda essa montanha de ofensas seria apenas uma gota d'água caída sobre o fogo ardente (UC, 73).

Como jovem irmã religiosa, teve muito trabalho com sua "problemática de faltas". Inês testemunha mais tarde que o temor de ter ofendido a Deus simplesmente a "envenenava" (PO, 1513). Pois Teresa comete inevitavelmente faltas, embora mínimas. E o espírito da época tinha ainda um colorido bastante jansenista: faltas são consideradas pecados graves e acompanhadas de culpa. Quando Teresa confessa ao capelão do convento que muitas vezes tinha dificuldade em ficar acordada durante a missa, ele lhe passa uma severa repreensão, dizendo-lhe que ofende a Deus. As outras irmãs são tratadas de igual forma. Certa vez ele anima uma irmã com as seguintes palavras: "Tudo o que posso dizer, minha filha, é que você está com um pé no inferno e o outro seguirá o mesmo caminho se por acaso não se emendar". Mas a Priora Maria de Gonzaga soube consolar a irmã: "Olhe, não se preocupe, eu mesma já estou com os dois pés nele" (Cr, 112, nota E).

A inquietação de Teresinha por querer ser impecavelmente pura aos poucos se tornará mais branda pela consciência crescente do juízo benigno de Deus. Isso se manifesta bem em uma carta escrita alguns dias antes de sua profissão: "Peço a Jesus que venha me buscar no dia de minha profissão se eu ainda viesse a ofendê-lo uma vez. Mas me parece que Jesus pode dar-me a graça de não ofendê-lo mais, ou seja, de cometer somente faltas que não o firam, mas que sirvam somente para tornar-me mais humilde e mais forte no meu amor" (Cr, 114).

Pouco mais de um ano após sua profissão, em 8 de setembro de 1890, encontra o Padre Prou durante o retiro. Ele lhe diz que suas faltas não "ofendem a Deus". Teresa declara que *nunca* considerara essa possibilidade! O sacerdote "a lança de velas abertas sobre as ondas da *confiança* e do *amor*" (A, 80v).

Por mais libertadora que ressoasse essa mensagem para ela, Teresa parece ainda não ousar entregar-se audaciosamente a esse amor oblativo de Deus. Quinze meses depois, mais uma vez o Padre Pichon deve insistir com ela: "Não, não, não! Você nunca cometeu um pecado mortal! Eu juro! Não, não se pode cometer um pecado mortal sem se ter conhecimento disso. Não, após a absolvição, você não pode duvidar de seu estado de graça. Expulse, portanto, a inquietação de seu coração. Deus o quer e eu o ordeno. Creia na minha palavra: nunca, nunca, nunca você cometeu um único pecado mortal" (Cr de 20 de janeiro de 1893).

3) A nova ótica

É certo que Teresa inicialmente pensava ser capaz de poder subir a montanha da santidade desde que se esforçasse sempre em grau elevado. Ela não tinha compreendido ainda que somente os braços santificantes de Jesus a poderiam carregar até o topo. A imagem de braços abertos aparece vez ou outra em sua correspondência, mas leva expressamente em conta de que há possibilidade de que Jesus a deixe abandonada no chão. Nenhuma preocupação, portanto; sua pobreza será um trunfo para sua humildade, e esta, por sua vez, para seu amor (Cr, 89). Mais tarde muda sua visão: Jesus mesmo a erguerá e carregará. Ele deve fazê-lo; caso contrário ela não alcançará nunca seu propósito. Contando com as próprias forças, continuará sendo um "grãozinho de areia" insignificante, e a santidade "uma montanha cujo pico se perde nas alturas": "Como sabeis, minha Madre, desejei sempre ser santa. Mas ah! comparando-me aos santos, constatei sempre que há entre mim e eles a mesma diferença que existe entre uma montanha, cujo cimo perde-se nos céus, e o grão de areia obscuro, calcado aos pés dos transeuntes. Em vez de desanimar, pensei: Deus não haveria de me inspirar desejos irrealizáveis. Posso, portanto, apesar de minha pequenez, aspirar à santidade" (C, 2v).

Aos poucos amadurece – durante os primeiros anos de vida religiosa – a convicção: Por mim mesma eu não posso tornar-me santa; está acima de minhas forças. O desejo – no dia de sua profissão – de "amor infinito sem o limite senão Vós" passou de uma tarefa elevada para uma sobre-humana.

Teresa vê que continua falhando frequentemente nas pequenas coisas. Progressivamente é encostada à parede numa confrontação existencial com sua incapacidade. Cada vez mais o Deus amado torna-se mais digno de amor, e o ideal de amor recíproco alcança nível mais alto. Fazer o que Ele fez por nós?! Como poderá ser feito isto? Como se poderá caminhar com passos iguais aos dele? Pagar com a mesma moeda?! Aos olhos dela, Deus cresce bem mais rapidamente do que a força cresce no seu coração! Ficamos abaixo da medida: quanto mais se ama, mais aguda se torna a consciência do fato. Amando, rezando, lendo a Sagrada Escritura e os escritos de São João da Cruz, Teresa sente cada vez mais intensamente o valor infinito do Todo-Santo, do Ser absoluto que é amor gratuito. Essa consciência aumenta, e muito, o sentimento de sua própria insuficiência. Seu belo sonho de amor (leia-se: seu próprio amor) deve cair em pedaços, e assim com esses cacos Deus realizará o sonho dela.

Até então a própria incapacidade era para Teresinha um bloqueio, um obstáculo a vencer; mas prosseguirá silenciosamente pelo caminho da autoentrega. A própria experiência de incapacidade leva-a a colocar a vontade de realizar seu amor perfeito por Deus em segundo plano, e deixa a iniciativa por conta dele, que ama primeiro. Na relação eu-Vós acontece lentamente uma conversão do eu-para-Vós. As perspectivas se deslocam. Com o tempo, o doloroso processo "eu quero e farei para Vós" torna-se mais tranquilo à medida que prevalece a consciência do "é-me impossível; Vós, portanto, o fareis por mim".

Acompanhada de dor e crises, Teresa torna-se muito "pobre". Mas aprende a desatar o nó. A santidade não será mais produto dos próprios esforços, mas dos esforços do próprio Deus. Ela aprenderá a doar-se definitiva e unicamente à graça santificante de Deus: é a grande conversão do final de 1894! Mas, já estamos adiantando o tempo. Precisamos antes analisar a evolução ocorrida entre 1893 e 1894.

É dando que se recebe

Fevereiro de 1893: Teresa tem 20 anos e quase cinco de convento. A situação da comunidade modificou-se significativamente: Irmã Inês sucede a Maria de Gonzaga como priora! Um estilo de governo autoritário, modelo madrasta, cede lugar a um governo de segunda mãezinha de Teresa! Ela escreve: "Minha natureza é tal que o temor me faz recuar. Com o amor não somente progrido, mas voo para a frente... Oh Madre, principalmente desde o dia abençoado de sua eleição para priora, eu vou adiante pelas montanhas do amor. Naquele dia o Senhor se tornou meu vivo Jesus..." (A, 80v).

Ainda mais, o Sr. Martin, desde 10 de maio de 1892, voltara para a família em Lisieux, paralítico, demente. O tempo sanou um pouco as feridas. Agora havia passado a dor e a vergonha de "Caen".

O clima psicológico em que Teresinha vive agora é bem mais tranquilo. O sofrimento externo diminuiu e a visão de sua própria incapacidade cresceu, seu sonho de ser pequena como um grãozinho muda um pouco de rumo. Busca menos expressamente diminuir-se aos olhos dos outros, visando a uma autoimagem irreal, o que seria motivo de vanglória! Despoja-se até o fundo do poço. Não é mais proprietária de nada, nem mesmo de seu próprio amor!

Após seu retiro pessoal de outono de 1892, Teresa escreve a Celina estas palavras muito significativas, nas quais relata suas novas intuições prestes a amadurecerem: "Jesus diz – como a Zaqueu – que devemos descer. Para onde? Devemos descer para servir de morada a Jesus. Ser tão pobres que não tenhamos onde reclinar a cabeça. Eis, querida Celina, o que Jesus fez na minha alma durante o meu retiro. [...] Você entende que se trata de interior. Por acaso não estava o exterior já reduzido a nada pela provação tão dolorosa de Caen? [...] Na pessoa de nosso querido pai, Jesus nos atingiu na parte mais sensível do nosso coração. Deixemo-lo agora agir por própria conta; Ele saberá completar a sua obra nas nossas almas. O coração de papai, sem dúvida, já está vazio das criaturas; mas eu sinto que o meu, infelizmente, ainda não está inteiramente vazio de mim mesma, e por isso Ele me disse para descer" (Cr, 137).

O processo de desprendimento e o desejo de desaparecer convergem agora para um nível mais pessoal. A interiorização, aliás, é um fenômeno normal para as pessoas que procuram a Deus: após anos elas passam a compreender melhor como ainda são sutis e refinados seu orgulho e amor-próprio. Nos anos anteriores – 1889 a 1892 – Teresa dedicara-se especialmente à humildade: despercebida dos outros, somente vista por Jesus, dando-lhe assim maior amor e mais puro. Os anos de 1893 a 1894 podem classificar-se como os da descoberta de sua pobreza espiritual, nos quais Teresinha mais e mais se abandona à primazia da ação amorosa de Deus e espera que Ele suprirá a incapacidade do seu amor com a superabundância do amor dele.

No dia 6 de julho de 1893 emerge pela primeira vez de seus escritos uma palavra nova: abandono (Cr, 142).

Certamente Teresa conhecia essa palavra havia tempo, e durante as dificuldades, antes de sua entrada para o Carmelo, suas irmãs a teriam animado especialmente a viver o dom do abandono (A, 68r). Mas ela não assumira ainda autenticamente essa palavra no seu vocabulário; não se tornara ainda uma posse psicológica e ainda não era prioridade no plano de sua vida. Ao compararmos seu abandono de então com o de 1897, o ano de sua morte, constatamos uma diferença enorme! Em 1887 o abandono nasceu da *provação*; dez anos depois, da visão positiva sobre Deus, fonte de ação misericordiosa. Em 1887 o abandono estava acompanhado de *tristeza*; mais tarde torna-se causa de profunda alegria. Em 1887 ele se limitava a *dificuldades* concretas a serem eliminadas; mais tarde integram todo o seu estilo de vida. Pois bem, o novo abandono, que emerge em 1893 e que é expressamente citado pela primeira vez em seus escritos, é muito mais próximo da fase final do que da fase inicial!

Deixemos Teresinha mesma falar sobre suas novas perspectivas. No dia 6 de julho de 1893 escreve para Celina, sua grande confidente: "O merecimento não consiste em fazer muito e doar-se muito, mas bem mais em se receber muito, amar muito. Deixemos o Senhor dar e tirar o que Ele quer. A perfeição consiste em fazer a sua vontade".

A essa altura ela já está longe da visão de 1889! Naquele tempo, santidade era "conquistar muito, empunhando a espada", ao longo do único caminho salvífico de "sofrer em tudo!" O ideal de Teresa está ainda em "amar muito", sempre; mas o amor do homem está aqui no sentido de abandono à vontade de Deus, seja qual for a conotação dessa vontade, mesmo estando em contradição com o grande sofrimento anterior. Esse amor tem muito menos o teor de cãibra espiritual, consequência da preocupação de querer-se impor pela contagem das boas obras: "Como é fácil agradar a Jesus, roubar seu coração! É preciso amá-lo somente, sem ficar demasiadamente preocupada em ficar buscando os próprios defeitos".

E assim continua a carta, cada vez mais profunda. Teresa não se tornou relapsa em relação a seus defeitos, mas Jesus lhe ensina "a tirar de tudo vantagem; do bem e do mal que acontece com ela".

Sua "economia" de salvação agora tem outro rosto: "Jesus lhe ensina como deve aplicar no banco do amor: Jesus aplica por ela sem dizer-lhe como Ele o faz, pois essa é tarefa dele, e não de Teresa. Sua tarefa é abandonar-se sem reter coisa alguma, nem mesmo sentir o prazer de saber quanto rende a aplicação!"

Teresinha em lugar algum manifesta descuido no seu amor a Deus. Não defende uma solução cômoda e não anuncia nenhuma doutrina gratuita e nem confortável (Bonhoeffer). Mas começa a esperar bem mais de Deus mesmo. Por isso começa a relativizar cada vez mais sua própria fraqueza. Constata-se uma tranquilidade bem maior em relação à sua incapacidade. Devemos fazer tudo o que podemos, mas sabemos que o amor do Senhor é suficientemente grande para superar as faltas e fazer triunfar sua força na nossa fragilidade.

Essa linha doravante será seguida intensamente. Na carta anteriormente citada vemos as linhas estipuladas, quase invisíveis, se estreitarem, formando um claro fio condutor. "Meu conselheiro, Jesus, me ensina a não contar minhas ações. (Como no tempo de preparação para a minha Primeira Comunhão.) Ele me ensina a fazer tudo por amor, não recusar-lhe nada, estar contente quando me oferece uma oportunidade para provar que o amo. Mas (e esta é a grande nova consciência!) que tudo se desenrole na paz, no *abandono*: é Jesus que faz tudo, e eu... eu não faço nada" (Cr, 142). A filha dos dois comerciantes mudou de direção de vida!

68

"É Jesus que faz tudo, e eu... eu não faço nada": eis aí, com as próprias palavras de Teresa, a nova ótica na busca da santidade! A busca de santificação por esforços próprios é levada em toda a sua extensão a capitular. Há um humor brando na constatação de sua fragilidade; seus esforços pessoais têm um valor relativo: "Talvez você pense que faço sempre o que digo – escreve ela novamente a Celina. Oh, não, eu não sou sempre fiel, mas nunca me deixo desanimar. Eu me abandono nos braços de Jesus. A gota de orvalho afunda mais profundamente no cálice da flor do campo (Jesus), e lá reencontra tudo o que tinha perdido e ainda muito mais". Todo o impulso de lucrar por si desaparece e não tem mais a pretensão de acumular tesouros espirituais: "Não é minha intenção com eles trançar nenhuma coroa para colecionar merecimentos, mas somente para dar prazer a Jesus" (Cr, 143).

4) A um passo da infância espiritual

Urge aqui colocar a questão: tudo isso não é conscientemente o "pequeno caminho" de que tanto fala Teresinha? Existe ainda algo mais em seu caminho da infância espiritual? Santificação, conforme Teresinha, é viver como filha do Pai-Amado. Isto foi atingido plenamente?

Já vimos que Teresa, desde o início de sua juventude, dá ênfase realista à fidelidade nas "pequeninas coisas". Merecimento e progresso: desde 1893 Teresa não espera mais nada de si mesma, mas de Deus. A consequência de sua própria insuficiência é profunda. Doravante não vai mais querer transformar sua fraqueza em amor, mas deixar o Senhor agir como bem entender. Ela toma consciência da prioridade do amor de Deus, que não somente prepara o nosso, mas também o leva à plenitude. Esse já não é o caminho da infância espiritual?

Tudo isso constitui *viver como* filha do Pai-Amado. E todos os seus elementos e atitudes serão assumidos na visão de Teresa. Durante toda a sua vida ela recolhe material com o qual finalmente fará a sua síntese.

Contudo, não se pode dizer que tudo isso seja o "pequeno caminho" na sua plenitude. Devemos levar Teresa a sério quando jura que num determinado momento descobre, afinal, o novo caminho. Mesmo que todos os tijolos estejam no andaime – o que aqui ainda não é o caso –, o monte deles ainda não constitui a casa. Teresa deve ainda pela última vez reestruturar sua visão sobre a santidade, projetar uma alta escala de valores. Em 1893 está apenas a um passo distante de sua síntese definitiva, seu "pequeno caminho". O momento de falar está prestes a irromper.

Com sua própria terminologia de julho de 1893 deu-se conta do plano de Deus na busca da santidade, sem no entanto compreender bem "como Ele o faz" para fazer "render" seu amor. Na descoberta de seu "pequeno caminho" o Senhor lhe revelará o *como* de sua santificação. Então Teresinha poderá acomodar-se plenamente ao plano de Deus. E *vê* diante de si o caminho claramente iluminado. E quanto mais veloz se corre em caminho bem iluminado! Antes Teresa percorria o caminho como uma cega, com hesitações, atrasos e enganos. Agora pode voar à vela solta!

Ela mesma conclui que sua grande descoberta está do lado de Deus. Será a descoberta de sua *misericórdia,* exatamente *como misericórdia.* Antes, é claro, ela tinha consciência da bondade de Deus e de sua prontidão em ajudá-la, mas agora começa a enxergar que o amor de Deus não é unicamente real, primeiro e fiel, mas um amor que desce; que busca o pequeno porque é pequeno; para acumulá-lo com seus dons. Descobre a misericórdia de Deus como fonte da qual brota toda a sua vida.

Na misericórdia de Deus vê agora claramente o mistério de sua salvação e santificação. A aceitação de seus limites continua presente nessa síntese final; o abrir-se para Deus em certo sentido começa com isso. Mas "ser pequenina" passa, então, basicamente, da humildade para a confiança! Na confiança humilde sua incapacidade é levada a Deus.

3 De mãos vazias diante do amor misericordioso

Na paz silenciosa Teresinha participa a distância da vida de seu pai, na primavera de 1894. Ele estava sob os cuidados de Celina e Leônia quando chegou ao seu fim: 29 de julho. Encontrou sua casa definitiva, e Teresa sente-o bem próximo de si. "A morte de papai não me deu a impressão de uma morte, mas de uma vida autêntica. Eu o reencontro após seis anos de ausência. Sinto-o junto de mim, me olhando e protegendo" (Cr, 170).

No dia 14 de setembro de 1894 Celina deixa tudo e entra, por sua vez, na comunidade carmelitana de Lisieux. Quatro irmãs e uma pequena comunidade. Um fato único na história do Carmelo! Teresinha não vê nisso nenhum inconveniente, e sua alegria é enorme! "Querida Celina, não tenha medo de nada. Jesus não a decepcionará. [...] Sofri tanto por causa de você e espero não ser eu nenhum obstáculo para sua vocação. Nosso amor mútuo foi purificado como o ouro no crisol" (Cr, 168).

Na bagagem de Celina há uma máquina fotográfica, à qual devemos muitas fotos de Teresinha. A priora Inês é uma pessoa de mente aberta diante da técnica moderna! Celina levou também um caderninho de anotações, que desempenhará um importante papel na vida de Teresa. É uma pequena seleção de textos muito bonitos do Antigo Testamento. Não era permitido às irmãs jovens de Lisieux ler o "estranho Antigo Testamento" na sua integridade. Teresa tinha acesso a ele pelos textos litúrgicos e através de outros livros espirituais. Celina preparara uma quantidade de textos bem bonitos, e Teresa, que é amiga apaixonada da Sagrada Escritura, sente-se profundamente entusiasmada!

1) E, de repente, "um pequeno caminho, inteiramente novo"

Logo depois, e certamente antes do final de 1894, Teresa faz uma descoberta genial em seu caderninho: encontra o "pequeno caminho"! Na sua busca não faz uma análise exegética dos textos da Sagrada Escritura em questão, mas, antes, reflete a Palavra de Deus que lhe é inspirada. Ela deve sua busca, em primeiro lugar, a uma iluminação pessoal do Espírito Santo, que a faz entender esses textos "com o coração" (Mt 13,15). O texto é para ela uma lente que projeta todo seu tesouro de fé. Nesse momento Teresa sente, à primeira leitura, com clareza, as linhas de força da revelação. Uma verdadeira leitura espiritual pela qual Deus pessoalmente envia mensagens para a sua vida real. Teresa vê dirigir-se para ela a correnteza da vida de Deus, que a deixará fluir no leito de sua própria vida, a fim de que possa impregnar tudo.

Apenas alguns meses antes de sua morte escreve a narrativa de sua descoberta genial. Tal narração traz vestígios de formulação enriquecida em relação ao dado original: já existe também um intervalo de dois anos e meio! Sua narração (C, 2v-3r) é comprida demais para ser transcrita aqui, mas queremos destacar os cinco itens principais:

1) Fala-se em primeiro lugar de um *desejo antigo* que já conhecemos: "Sempre desejei tornar-me santa". O novo "pequeno caminho" – expressão pessoal – que vai descobrir revela, portanto, desde o início, seu caráter funcional. Não é um fim em si; é uma fase intermediária, uma meditação que leva a um fim. A finalidade é a santidade, o desabrochamento integral do amor.

2) Mas quem pode fazer desaparecer esse amor? Teresa mesma não consegue. Paralelamente ao seu antigo dese-

jo anda a *eterna constatação de sua incapacidade*. "Sempre desejei tornar-me santa. Mas infelizmente sempre constatei, quando me comparava com os santos, que entre eles e mim existe a mesma diferença que entre uma montanha, cujo pico se perde no céu, e um grãozinho de areia escondido". Em toda a vida de Teresinha constatamos o desejo e a incapacidade travarem um duelo: o combate desesperado de Jacó com Javé! (Gn 32). Poder-se-ia argumentar partindo de dados objetivos, pelos quais se pode tanto relativizar a santidade gigantesca dos outros como elevar a baixa autoestima de Teresa; mas não é esse o caso! O que conta é um sentimento subjetivo e pessoal.

É a partir daí que ela concebe o projeto do seu caminho. (Ou mais exatamente: aos humildes de coração Deus dá a sua luz.) Sua descoberta é uma resposta existencial de fé e um premente problema de vida pessoal. Visto que se trata de indagação vital, na qual muitos fiéis reconhecem em miniatura sua própria experiência, a resposta de Santa Teresinha conseguiu causar na Igreja um eco bastante universal.

3) Há ainda em Teresa o reflexo de alguém que há tempo vive na luz da revelação de Deus, uma luz que a guia: uma certeza interior a proíbe de dar-se ao desânimo e desespero. "Em lugar de ficar desanimada, eu disse a mim mesma: o bom Deus não pode me inspirar desejos irrealizáveis. Apesar de minha pequenez posso, portanto, aspirar à santidade". É provável que, no próprio momento da descoberta, Teresa não tenha podido raciocinar sobre tudo isso. Sua descoberta é uma intuição repentina que, como uma semente de trigo, cai em terra fértil, anteriormente preparada. Tudo isso fazia parte da sua vida, tornara-se nela uma constante: "Por mim mesma nada consigo; e, no entanto, tudo me diz ao coração que não posso desistir!" Ou, com suas próprias palavras: "Eu não posso me fazer

crescer, isto é impossível; deverei suportar-me com todas as minhas imperfeições, mas eu quero encontrar um jeito de subir ao céu". (Concretamente Teresa quer dizer: para alcançar esse cume de santidade, ao longo de um pequeno caminho reto, que é bem curto, um pequeno caminho inteiramente novo.)

4) Consciente de sua inevitável pequenez, que tudo experimentou, e consciente da incapacidade do seu amor, Teresa vai *em busca de uma solução* junto de Deus mesmo, na Escritura. O seu abandono em Deus de 1893 não era ainda suficientemente profundo e claro para contentá-la plenamente. As coisas não andavam ainda suficientemente rápidas e seguras. Por isso Teresa procura um "elevador", direto e infalível, um elevador espiritual em direção à mais alta santidade! "Elevador" é a imagem que ela usa na sua descrição. Tal imagem é moderna! Durante a viagem a Roma, Teresa vira elevadores nos hotéis onde ela pernoitara. Talvez hoje falasse de escada rolante ou de elevador a cabo, ou ainda de nave espacial! Em oposição a elevador que leva a gente sem esforço para cima, coloca a "escada" que se sobe com dificuldade. Não foi pela escada que ela foi.

5) Finalmente encontrou a *resposta libertadora!* Ela foi singularmente tocada ao ler no caderninho Pr 4: "Se alguém é *muito pequenino,* que venha a mim". Pequenino... Teresa sente-se pessoalmente atingida! Pequenez: o grãozinho de areia há tanto tempo desejava ser isso no sentido de humildade, mas pequenez na santidade também é o problema com o qual ela luta há muito tempo. E agora ela pode, na sua pequenez, aproximar-se de Deus: Ele quer dizer-lhe algo ao coração. Cheia de confiança volta-se para Ele. Isto quer dizer: com o coração repleto de esperança e todo receptivo, continua a buscar o que Deus lhe revela

sobre si mesmo e sobre seu caminho para a santidade. E o que lê em algumas páginas adiante? Encontra uma pérola brilhante como nunca vira brilhar antes, em Is 66,12-13: "Como a mãe acaricia seu filho, eu vos consolarei. Eu vos carregarei em meu colo e vos acalentarei sobre meus joelhos".

Citamos aqui os textos como Teresa os encontrou literalmente no caderninho. A Bíblia de Jerusalém traduz: "Quem é simples? Que passe por aqui". A expressão "pequenino" não aparece aqui textualmente, nem a forma pessoal "a mim". Provavelmente Teresa, nessa versão, tenha lido o texto por cima. A graça de Deus muitas vezes nos vem por acaso! De repente nosso coração pode ser tocado e nossos olhos abertos – quando o Senhor o quer. Mas isso muito lhe apraz, entrando, sem nada pedir, *na nossa situação humana*. Em uma outra versão Teresa teria talvez demorado mais nessa descoberta. Mas o tempo estava maduro para isso: um outro dia e de outro jeito ela teria encontrado o que encontrou então! Através de outra palavra Deus lhe teria revelado a mesma mensagem.

Que admirável luz trouxe o texto de Isaías, que caiu sob seus olhos! "Ah! jamais palavras mais ternas, mais melodiosas vieram alegrar minha alma. O elevador que deve erguer-me até o céu são vossos braços, ó Jesus!" Portanto, novamente, uma linguagem simbólica: os braços de Jesus. Teresa quer dizer com isso que Deus mesmo levará o homem à santidade, e não o próprio homem. A que preço? "Para isso não tenho necessidade de crescer; pelo contrário, é preciso que eu permaneça pequena, devo tornar-me cada vez menor". Quando estiver bem pequena Deus lhe dará tudo "o que uma mãe dá a seu filhinho".

Teresa finalmente compreendeu. Compreendeu que sua primeira tarefa consiste em ser receptiva, abrir-se amplamente para o amor solícito e salvífico do coração materno de Deus! Ela não precisa mais salvar a si mesma. Aceita ser salva, ser santificada abandonando-se, cheia de confiança, ao amor gratuito de Deus. Um canto de júbilo sobe do seu coração: "Oh, meu Deus, ultrapassastes minha expectativa, e quero cantar vossa misericórdia para sempre".

Aprofundemos ainda mais o conteúdo conceitual dessa narrativa simbólica. Deus aqui é descrito como aquele que lança um olhar para o "pobre", ama-o, convida-o a ficar junto de si e, se o "pobre" responder com amor e gratidão, olha-o com amor criativo que o faz ainda mais precioso e digno de amor. O coração e o olhar de Deus o revestem interiormente com amor unitivo. É-lhe dada a graça do Espírito de Deus penetrando na pessoa como "água-viva" (Jo 4,10-15), que a refresca e a faz viver se ela tiver uma atitude receptiva e acolhedora para com Deus, que vem ao seu encontro. "Eu vos carregarei..."

A realidade de Deus misericordioso, de Deus que tem coração para o pobre, está no centro, pois Ele é descrito como alguém que gratuitamente, com amor criador, se reclina sobre o pequeno, sobre o homem incapaz.

Da parte do homem, ele deve aceitar de forma concreta sua pobreza, não com um gesto indiferente, mas com profunda humildade, digna de Deus. Para pertencer ao número dos convidados deve comportar-se como "pequenino", confessar que é necessitado, e "ir a Deus". Isso quer dizer que reconhece Deus como aquele que vem ao seu encontro com misericórdia, e com confiança cega se entrega a Ele. Essa cegueira é a lucidez mais alta do abandono misericordioso. O homem abandona a si mesmo e se abandona em Deus. Ele abre mão de si para se abandonar nas mãos de Deus.

Esta é a essência daquilo que Teresinha chama de "pequeno caminho inteiramente novo"; novo porque ainda nunca o experimentara tão radicalmente, e porque ele de repente remonta 19 séculos para voltar até o tempo de Jesus: "O Espírito do Senhor está sobre mim, porque Ele me ungiu para evangelizar os pobres; enviou-me para proclamar um ano de graça do Senhor" (Lc 4,18-19).

A intuição de Teresa é ainda embrionária, no momento de sua descoberta. Nos anos seguintes deverá assimilar plenamente essa visão nova e libertadora, aprender na prática da vida os reflexos da total confiança e formular, finalmente, sua mensagem profética para as outras pessoas.

A sua vida sofre, então, uma mudança radical! Todo cuidado de si mesma é-lhe tirado dos ombros. Algo de fundamental irrompe nela, e toda a sua busca de santidade é libertada por nova luz. Deus está à procura dela! O caminho está aberto. Tudo nela canta de alegria: Jesus levará a minha vida à plenitude. Jesus me santificará. Eu farei a minha parte da melhor maneira possível, eu colaborarei, mas não serei eu que o farei; o Senhor o fará em mim e por mim. E se eu falhar, Ele suprirá tudo. Talvez já nesta vida. Aos poucos ou por uma "enorme" irrupção de graça, como naquela noite de Natal. Ou no momento de nosso encontro definitivo, na vida de plenitude com Deus.

Agora Teresa sabe claramente: esse é o *meu* caminho. O último caminho que seguirei. Se eu continuar a segui-lo, logicamente chegarei aonde Deus quer que chegue: até a plenitude da participação da própria vida de Deus, que Ele escolheu especificamente para cada pessoa. Deus me dará o amor que por mim mesma não poderei alcançar, e dará também a esse amor a linguagem e os sinais próprios dele; principalmente o sinal da confiança.

O Evangelho nos conta como as pessoas traziam crianças a Jesus a fim de que tocasse nelas, e os discípulos as repreendiam. Por sua vez Jesus, vendo isso, se indigna e lhes diz: "Deixai as crianças virem a mim. Não as impeçais, porque delas é o Reino de Deus". Depois disse algo exclusivamente aos adultos: "Em verdade vos digo: aquele que não receber o Reino de Deus como uma criança não entrará nele" (Mc 10,13-15).

Numa perspectiva evangélica Teresa se propõe a "permanecer" pequenina. Aceitará o Reino de Deus, com pureza de coração, das mãos do Senhor.

Gostaríamos ainda de abordar dois detalhes interessantes. Vimos como Teresa resume seu projeto de vida, ser "pequenina", tirado de Pr 9,4. Nos anos seguintes prefere chamar-se de "muito pequenina". É seu ideal, seu *slogan*, seu motivo de conduta. Para reforçar sublinha essas duas palavras, que para ela são uma maneira de indicar as citações: nesse caso é uma indicação silenciosa para o grande texto bíblico, que tanta coisa desencadeou nela. Nessas duas palavras entende tudo sobre a dinâmica da confiança na misericórdia de Deus.

"Misericórdia": um novo detalhe revelador está no emprego dessa palavra após a sua grande descoberta. Teresa já a conhecia; muitas vezes a encontrara nas suas leituras: muitas vezes a pronunciara nos salmos do ofício que rezava todos os dias com suas irmãs. Mas antes dessa grande descoberta, no final de 1894, tal palavra não encontrara eco em seu coração. Não ressoava tanto. Em todos os seus escritos antes desse fato – aproximadamente 350 páginas de cartas, poesias e peças teatrais – o substantivo "misericórdia" apareceu apenas uma vez, e o adjetivo "misericordioso" também uma vez. Após sua descoberta encontramos a palavra "misericórdia" somente na primeira parte de sua autobiografia (o manuscrito A, de aproximadamente 200 páginas impressas), umas 20 vezes. Está claro: do que o coração está cheio, a boca transborda.

E Teresinha, naquela fria noite de inverno, em janeiro de 1895, continuando a escrever o prólogo de sua autobiografia à luz chamejante de lampião a querosene, observa a misericórdia de Deus, que ela agora, mais nitidamente do que nunca, vê percorrendo o tecido de sua história como um fio de ouro. Fio que será mantido, pois o futuro está ligado a Ele como uma rica promessa – trinta e dois meses que ainda lhe restam na terra.

2) Uma pequena teologia da misericórdia de Deus

1895 é um ano maravilhoso para essa jovem carmelita! O ano mais feliz e ensolarado de sua vida! Tem 22 anos e reside há 7 no convento. Está plenamente adaptada à casa. A vida, sem dúvida, é exigente, e sua saúde é menos satisfatória – ela tem frequentes problemas de garganta –, mas nunca viu sua vocação tão simples e tão cheia de perspectivas brilhantes, como então. "Viver de amor" é a poesia em que exprime espontaneamente os seus sentimentos (P, 17). Seguem-se apenas algumas estrofes:

Viver de amor é dar sem medida.
Sem reclamar salário aqui na terra.
Ah! Sem contar eu dou, bem segura.
Disto: "Quando se ama não se calcula".
Ao coração divino, tão cheio de ternura,
Tudo entreguei! Leve agora posso correr...
Nada mais tenho senão uma riqueza:
Viver de amor!
Viver de amor é guardar no íntimo
Um grande tesouro em vasos de argila.
Meu Bem-Amado! Grande é minha fraqueza!

Ah! Bem longe estou de ser anjo do céu.
Mas, se caio toda hora que passa,
Erguendo-me, abraçando-me a cada vez,
Tu vens a mim e me dás tua graça:
Viver de amor!

Também na comunidade Teresinha vai razoavelmente bem. Seus talentos são reconhecidos e solicitados. Ocasionalmente pode pintar e chega a se tornar a poetisa oficial da casa. É chamada por ocasião de um jubileu, de uma festa de vestição ou profissão! Para a festa da priora, das irmãs ou recreação natalina, Teresa compõe uma encenação teatral! Por um período de mais de quatro anos escreve oito peças teatrais (duas muito importantes sobre Joana d'Arc, seu ideal de juventude) e compõe 54 poesias. E agora a priora Inês pede-lhe que escreva as *Recordações da sua juventude*. Portanto, muito trabalho, e ainda continuamente atende à correspondência.

Teresa tem principalmente as mãos cheias de trabalho com as noviças. Quando Inês se tornou priora em fevereiro de 1893, pediu a sua irmã, com então 20 anos de idade, para ser auxiliar de Maria de Gonzaga, mestra oficial das noviças. Teresa vê-se a si mesma como cachorrinho de caça (Cr, 167) da pastora. Inicialmente sua tarefa não é tão pesada. Irmã Marta é a única noviça; ela não é muito inteligente, mas está aberta para ouvir Teresa. Meio ano depois ingressa Irmã Maria Madalena. A Priora Inês diz a ela que todos os domingos deve falar meia hora com Teresinha. Mas essa filha de camponeses, fechada, faz de tudo para escapar ao encontro! Entrementes, passam-se três anos de permanência de Teresa no noviciado – sem contudo ter voz no capítulo, porque já tem duas irmãs no convento. Teresa pede para continuar no noviciado, o que lhe é permitido, por causa de sua idade juvenil, e continuará ali até o final de sua vida.

Desde o verão de 1894 o trabalho como assistente da mestra de noviças torna-se sério. Em junho ingressa Maria da Trindade, uma parisiense muito viva, de quem Teresa gosta muito; a única de suas atuais e futuras noviças que é mais jovem do que ela. Três meses depois entra Celina – a quarta da família Martin –, e após onze meses ingressa sua prima, Maria Guérin!

Teresinha experimenta uma grande alegria quando a Priora Inês lhe pede para rezar muito e fazer sacrifícios por um jovem seminarista, Maurice Bellière! Um futuro "irmão sacerdote". Teresinha nunca tivera irmãos (entre os quatro filhos falecidos na família havia dois meninos); sente-se superfeliz. Ela escreve: "Não me seria possível dizer-lhe quão feliz eu era. [...] Desde há anos não experimentara mais essa espécie de felicidade. Eu sentia que minha alma nessa parte era ainda nova. Era como se pela primeira vez tocasse cordas musicais que até então estavam esquecidas" (Cr, 32r).

1895: à luz da recente descoberta de seu "pequeno caminho inteiramente novo", Teresa vê agora tudo banhado pelo oceano da misericórdia divina. Ao registrar suas recordações juvenis é evidente que acentuará "a misericórdia do Senhor!!!.........." (A, 2r). Três pontos de exclamação com ainda dez pontinhos sugerem que essa misericórdia é maior e melhor do que tudo o que se possa escrever sobre ela.

O prólogo de sua autobiografia (A, 1r-4r) é uma meditação profunda. Teresa vê sua vida oculta num grande "mistério". E esse mistério não é duro e impenetrável, mas aconchegante e familiar. Por si mesma não consegue apoderar-se dele; não se trata de "merecer", mas do beneplácito de alguém que acolhe. Teresa apela para São Paulo (Rm 9,15-16): "Deus tem compaixão de quem Ele quer e dá prova de sua misericórdia a quem Ele quer. Portanto, não depende da vontade ou das descobertas do homem, mas da compaixão de Deus".

Por que existe em Deus tão "grande mistério?" Por que acontece que este e não aquele é acolhido nesse mistério? Por que, pergunta Teresinha, tanta misericórdia surpreendente para com São Paulo, Santo Agostinho – e Teresinha poderia ter-se acrescentado a eles, mas nem de longe pensou nisso –, enquanto outras pessoas não experimentam esses "favores extraordinários?" Por que essas preferências do coração de Deus?

Durante "um bom tempo" esse problema da escolha de Deus ocupou a reflexão da jovem contemplativa. Ela chegou a uma conclusão que a satisfez. O Senhor a ensinou a partir do "livro da natureza". Como Teresa gostava de ler esse livro! Uma vez escreve a Celina: "Se Jesus se compraz em semear na ordem da natureza coisas tão maravilhosas, então é unicamente com a intenção de nos ajudar a descobrir o sentido oculto de uma ordem superior, como Ele opera nas almas" (Cr, 134). Novamente a natureza revela algo sobre as intenções profundas de Deus. Na variedade colorida do mundo das flores Teresa viu uma imagem do plano salvífico de Deus para com os homens. Todas as coisas grandes ou pequenas glorificam à sua maneira o Senhor. As menores nem por isso são menos perfeitas. Ao desabrochar plenamente são perfeitas aos olhos de Deus – como toda flor é bonita. Pois o que é a perfeição aos olhos de Deus? Teresa tem uma definição magistral: a "perfeição" consiste "em sermos o que Ele quer que sejamos". Mais claramente do que isso não pode ser colocado.

Segue ainda uma segunda resposta mais profunda, mais "teresiana", à pergunta colocada. Os pequeninos são chamados a fazer brilhar mais claramente a bondade de Deus! Essa é sua missão específica. A ação da graça de Deus

83

pode ser igualmente grande no mais pobre, como no mais privilegiado. É preciso converter-se para Deus. "Eu compreendi que o amor de Nosso Senhor se revela tanto na alma mais simples, desde que (e esta é a condição) ela não resista em nada à sua graça. Sim, sem esses mais pobres Deus não poderia manifestar-se suficientemente; 'é como se o bom Deus não pudesse se inclinar suficientemente'. Mas agora, inclinando-se tão profundamente, 'Deus mostra sua infinita grandeza'". A pessoa mais pobre pode, pela misericórdia ativa e salvífica de Deus, chegar à graça mais profunda. Teresa escreve: "Assim como o sol ilumina ao mesmo tempo os cedros e cada florzinha como se fosse a única sobre a terra, Nosso Senhor se ocupa de cada alma em particular, como se não houvesse outras semelhantes a ela. E como na natureza todas as estações são dispostas de modo a fazer desabrochar, no dia marcado, a mais humilde margarida, assim tudo contribui para o bem de cada alma".

Depois disso Teresa retorna à sua vida pessoal. Escreve sua autobiografia, que não pode ser outra coisa senão narrar os "benefícios" de Deus, "toda a solicitude que pôde experimentar inteiramente grátis de Jesus". Ela não pensa de forma alguma fazer valer sua própria cooperação. Deus é o administrador do seu amor. Ela reconhece que nada dela mesma é capaz de atrair o olhar do Senhor e que somente sua misericórdia realizou tudo o que há de bom em seu coração.

Sua nova visão sobre o amor de Deus manifesta-se mais uma vez ao escrever que é "próprio do amor inclinar-se". Isso não é válido para todo o amor. No amor para com um amigo não há nada de reclinar-se; tal atitude perturbaria a amizade. Também o amor que existe entre as três Pessoas na unidade de Deus está livre de toda inclinação de maior para menor. Mas diante do amor de Deus para com os homens – é nisto que Teresa pensa – defrontamo-nos com um amor entre desiguais, no qual o maior estende a mão para o menor. É Deus que, por amor, chama o homem à existência, acompanha-o com o amor e possibilita a reciprocidade no amor, revelando-se como aquele que cria, acolhe e salva um irmão.

3) No abraço de Deus

"Tudo é graça" (UC, 42), dirá Teresinha. Mas na vida há muitas situações nas quais não se pode discernir imediatamente a presença da graça. Somente com o passar do tempo e à luz da misericórdia de Deus descobre-se como o amor dele esteve presente também em situações comuns ou dolorosas. É como uma coloração mais profunda que depois de longo tempo transparece acima da camada superior. O passado, assim, pode tomar outro rumo. Não se conhece o passado definitivamente.

Teresinha, agora escrevendo regularmente sobre seu passado, torna-se mais consciente de como sua vida fora conduzida por Deus. A "livre" misericórdia de Deus, escreve ela, "é o segredo de minha vocação, de minha vida e principalmente o segredo dos privilégios que Jesus deu à minha alma" (A, 2r). Teresinha poderia ter sido distraída, ter perdido tempo e talvez até mesmo abandonado o caminho por onde Deus a queria conduzir. Ela fala sobre sua viagem a Alençon: "Eu era motivo de festa, de mimo e admiração. [...] A bem da verdade, devo dizer que essa vida era bem atraente para mim. [...] o coração deixa-se facilmente obcecar. Considero, portanto, também como uma grande graça o não ter ficado em Alençon. Os amigos que lá tínhamos eram mundanos demais. Eles entendiam por demais da arte de conciliar as coisas divertidas deste

85

mundo com o culto a Deus" (A, 32v). E fala sobre a relação de sua amizade intensa com Jesus: "Com um coração igual ao meu, eu me teria deixado prender e minhas asas teriam sido cortadas" (A, 38r). Ela reconhece com gratidão que "seu coração, desde o início, está direcionado para Deus" (A, 40r).

E como agora seu coração está voltado para Deus nessa atitude orante, entregue ao louvor e amor puros de Deus, é chamada nesse único amor a ordenar e fazer desabrochar todo o outro amor pelos homens.

Refletindo sobre todas essas coisas, Teresa contempla a figura de Madalena. Bem no fundo de seu coração sente-se familiar a essa mulher. "Com uma natureza como a minha... poderia ter-me tornado muito má e talvez tivesse me perdido" (A, 8v). Ela escreve: "Não possuo mérito algum por não me haver entregue ao amor das criaturas, pois só fui preservada pela grande misericórdia de Deus. Reconheço que sem Ele teria podido cair tão fundo quanto Santa Madalena, e a palavra profunda de Nosso Senhor a Simão ressoa com grande doçura na minha alma. Eu sei: aquele a quem se perdoou menos, menos amou (Lc 7,47), mas também sei que Jesus me perdoou mais do que a Madalena, porque Ele me perdoou com antecedência, impedindo-me de cair". Teresa é da opinião de que há maior amor em se removerem obstáculos do que ajudar alguém a levantar-se depois da queda. E, por isso, sabe-se ainda mais amada por Cristo, que não veio para resgatar os justos, mas os pecadores (Mt 9,13). Sua conclusão? "Ele quer que eu o ame, porque Ele não me perdoou muito, mas *tudo*. Ele não esperou até que eu o amasse *muito* como Santa Madalena, mas queria que eu *soubesse* como Ele me amou com um amor que se lança para a frente de maneira inefável, a fim de que eu o amasse agora *até a loucura*!

Ouvi dizer uma vez que não existe uma alma que o ame mais do que alguém que se arrepende. Ah, como gostaria de aprofundar essa frase!" Pelo seu conhecimento da misericórdia de Deus que tudo penetra, ela desmascarou um grande sofisma! Com seu coração puro ela vê que é uma pobrezinha que tudo recebeu.

E assim Teresa anota uma e outra coisa nos seus caderninhos. Faz dessas anotações uma longa e frutuosa meditação. O passado revive e desperta nela novo entusiasmo e fervorosa ação de graças. Em diálogo com sua experiência passada ouve a voz de Deus, que lhe fala.

É uma manhã brilhante de primavera, Domingo da Santíssima Trindade, 9 de junho de 1895. Durante a celebração da Eucaristia realiza-se no coração de Teresa um encontro maravilhoso. Ela recebe de repente – mas preparada em silêncio por sua descoberta recente do amor materno de Deus e pela retrospectiva de sua solicitude ativa, durante toda a sua vida – "a graça de compreender melhor do que nunca o quanto Jesus deseja ser amado" (A, 84r).

Para ser amado. Assim está escrito. Mas a forma gramatical passiva contém uma surpresa. *Ser amado* significa permitir a Jesus que Ele ame. *Amar* significa que a pessoa aceita ser amada por Ele. E Jesus é amado quando Ele pode amar a pessoa plenamente. A pessoa ama Jesus quando ela se deixa amar plenamente.

Teresinha explicará: "Eu pensava nas almas que se ofereciam como vítimas à justiça de Deus para atrair sobre si os castigos reservados aos pecadores". Esse é o ponto de partida de sua intuição! A justiça de Deus, no tempo do jansenismo, era vista com muita severidade, exigindo reparação. Um livro sobre a espiritualidade carmelitana trazia um belo título: *Tesouro do Carmelo*, recomendava até mesmo o oferecimento de si mesmo à justiça como finalidade da Ordem. (Padre Piat diz com razão que esse livro, em alguns lugares, transpira um espírito rigorista e até mesmo terrorista.) Conhecem-se no Carmelo de Lisieux casos dessa oferenda generosa. Teresinha, que nessa manhã se sente motivada a doar-se ainda mais intensamente a Deus, pensa num primeiro impulso nesta forma de oferenda, mas falta-lhe a simpatia necessária. Como conseguiria carregar, pobrezinha, esse peso esmagador de sofrimento sobre seus frágeis ombros?

Nessa manhã a luz que ilumina é supersuave. Tudo está banhado pelo sol da misericórdia de Deus que ela vê há meses subir cada vez mais. E reza com amor fervoroso: "Ó meu Deus, será somente a vossa justiça necessitada de almas que se ofereçam como vítimas? Vosso amor misericordioso também não precisará igualmente de almas? Por toda a parte ele é desprezado e rejeitado. Os corações a quem vós quereríeis comunicá-lo voltam-se para as criaturas e buscam junto a elas uma felicidade efêmera, em lugar de se lançarem nos vossos braços e acolherem vosso infinito amor. Ó meu Deus, vosso amor desprezado permanecerá fechado em vosso coração? Se encontrardes almas que se ofereçam como vítimas ao vosso amor, logo vós as consumireis. Eu penso que ficareis feliz se não precisardes reter as ondas de ternura infinita que estão guardadas em vós. Ó meu Jesus, pudesse eu ser essa vítima feliz! Consumi vossa vítima com o fogo do amor divino!" E Teresa se oferece.

Após a celebração eucarística, Teresa começa a redigir um "ato de oferecimento". Isso mostra a grande seriedade de sua decisão. Trata-se de doação definitiva. O texto escrito estabelece um momento solene e privilegiado no seu itinerário espiritual.

A concordância do "pequeno caminho dessa infância espiritual" com esse ato de oferecimento de si mesma surpreende. Não se pode dizer: infância espiritual é uma coisa e oferecimento ao amor misericordioso, outra. Existe agora uma união íntima na vida de Teresa. Tudo gira em torno de um eixo. O ato de "oferecimento" de sua vida a Deus está perfeitamente dentro das perspectivas do "pequeno caminho".

Vamos ver mais de perto este ato de oferecimento. Começa assim: "Ó meu Deus, Trindade bem-aventurada, desejo amar-vos e fazer-vos amado, trabalhar para a glorificação da santa Igreja, salvando as almas que vivem sobre a terra e libertando as que sofrem no purgatório. Desejo cumprir com exatidão a vossa vontade e alcançar o grau de glória que preparastes para mim no vosso Reino; numa palavra: desejo ser santa, mas sinto a minha impotência e vos peço, ó meu Deus, que sejais Vós mesmo a minha santidade".

A finalidade (a santidade), a citação do fato (sua incapacidade) e a solução (a própria ação salvífica de Deus) não são coisas novas. Tudo isso era primordial, seis meses antes, no grande momento em que Teresinha descobrira seu pequeno caminho.

Em seguida essa jovem carmelita fala sobre o fundamento de seu pedido confiante a Deus. São o dom e os merecimentos da humanidade de Jesus, coroados com o amor e os merecimentos de Maria, dos anjos e dos santos. Consciente do que Jesus prometera, que nosso Pai nos dará tudo o que pedirmos em seu nome (Jo 16,23), argumenta Teresinha que – tal como na narrativa do "pequeno caminho" – esses grandes desejos de seu coração não podem ficar sem sentido: "Eu sei, ó meu Deus, quanto mais Vós quereis dar, tanto mais nos deixais desejar [pensamento de São João da Cruz]. Sinto no meu coração desejos imensuráveis, e com confiança peço-vos: apoderai-vos de minha alma".

Após uma digressão – com uma bela oração de amor, gratidão e esperança – Teresa renova seu propósito interior de viver em total dependência de Deus, que com sua misericórdia vem ao encontro dela, confiando-se a Ele sem reservas, como pobre criatura. É uma espécie de promessa de perfeita pobreza espiritual. Ela diz: "Eu não quero acumular merecimentos para o céu. Quero trabalhar por amor para Vós somente, com o único objetivo de dar-vos prazer, consolar vosso coração e salvar almas que vos amarão eternamente. Ao entardecer da minha vida aparecerei diante de Vós de mãos vazias, pois não vos peço, Senhor, para contar minhas obras. Todas as nossas boas ações são maculadas aos vossos olhos. Quero revestir-me de vossa própria justiça e receber de vosso amor a posse eterna de Vós mesmo. Não quero outro trono e nem outra coroa a não ser Vós, ó meu amado". Teresa sabe que a intervenção misericordiosa de Jesus supera infinitamente nossos próprios esforços: "Vós me podereis preparar num instante para comparecer diante de Vós".

Segue-se então o oferecimento propriamente dito. E o passo subsequente é o de alguém que penetra a fundo o amor misericordioso de Deus.

"Para viver num ato de perfeito amor, eu me *ofereço como vítima de holocausto ao vosso amor misericordioso*, suplicando-vos que me consumais sem cessar, deixando transbordar sobre a minha alma as ondas de ternura infinita em Vós encerradas e assim, ó meu Deus, eu me torne mártir do vosso amor! Que esse martírio, após ter-me preparado para comparecer diante de Vós, me faça enfim morrer, e sem demora a minha alma se lance no eterno abraço do vosso amor misericordioso. Quero, ó meu Bem-Amado, a cada pulsar do meu coração, renovar-vos este oferecimento um número infinito de vezes, até que, desvanecidas as sombras (Ct 2,17; 4,6), possa eu, num face a face eterno, tornar a proclamar-vos o meu amor! [...]".

Em momento de profunda confiança amorosa Teresa se abandona, além de todos os limites de pobreza e tempo, ao coração misericordioso do Senhor, que está pronto a preencher todas as mãos vazias que a Ele se estendem.

Em certo sentido, o "pequeno caminho" exigia tal oferenda. É, por assim dizer, o coração do "pequeno caminho" e sua explanação em forma de oração. O ato de oferecimento fala de progresso, crescimento em profundidade, no sentido de uma vivência mais intensa do "pequeno caminho", pois já avançamos mais de meio ano. Mais do que antes, Teresa entendeu o amor misericordioso de Deus e se entregou a Ele. Essa autoentrega torna-se uma segunda natureza. Ainda três observações:

1) A linguagem simbólica que Teresa emprega no seu "ato" (cf. tb. A, 84r-v) difere muito da narração de seu "pequeno caminho". Lá ela usa imagens como: "grão de areia", "cume da montanha", "criança", "elevadores", "braços que carregam". Com exceção de "braços" (que acolhem), esses símbolos não aparecem no ato de oferecimento. Referem-se a "ondas", que "inundam", a uma "vítima" que é "consumida" pelo "fogo" – e ainda à "veste" da justiça de Deus, a um "trono" e uma "coroa" que será Ele mesmo. Mas o conteúdo ou o núcleo da questão é o mesmo.

2) Daqui por diante o amor de Deus aos olhos de Teresa é constitucionalmente misericordioso, e a misericórdia de Deus essencialmente impregnada de amor. Sob o ponto de vista linguístico percebemos que a expressão "amor misericordioso" doravante não mais se encontrará no vocabulário de Teresa. Soa-lhe como um pleonasmo: duas palavras que podem ser ditas numa só. Uma palavra basta:

"amor". Porque aos seus olhos o amor é essencialmente misericordioso. No final de seus primeiros escritos autobiográficos, Teresa chama o dia 9 de junho de 1895 simplesmente de: o dia do oferecimento de si mesma ao "Amor".

3) Finalmente, do ponto de vista pastoral, no espírito de Teresa, esse oferecimento ao amor misericordioso de Deus não funciona como uma fórmula mágica ou artifício espiritual. Não bastaria pronunciar uma única vez esse ato de oferecimento para que a vida estivesse garantida para sempre. Não, esse movimento confiante para Deus deve tornar-se algo vital, fruto de cada impulso do coração, ou como Teresa mesma afirma: "um movimento". Mais do que palavras, esse abandono a Deus deve ser repetido na própria vida. Esse oferecimento pede uma atitude interior alegre e incansável para sair de si mesma, num abandono confiante em Deus. Isso porque a criatura veio a "conhecer" o ser mais profundo de Deus!

4) Torrentes de graça

O abandono de si mesma ao amor constituía para Teresinha um clímax e simultaneamente o ponto de partida para um novo crescimento. 1895 é para ela de fato o *ano* da misericórdia de Deus! O dia 9 de junho trouxe para ela uma grande novidade. De fato, as comportas se abriram e as ondas do amor de Deus que Teresa pedira inundam as profundezas de sua alma. É tempo de festa, de vida alegre, de inundação de experiência afável de Deus. Nunca se surpreendera tanto pela presença palpável de Deus. O deserto do passado é recriado. "Sobre os montes calvos farei jorrar rios, e fontes do meio dos vales. Transformarei o deserto em lago e a terra árida em fontes" (Is 41,18). No seu coração sussurram "torrentes de água viva", como Jesus prometera fazendo alusão ao Espírito Santo (Jo 7,38-39).

Esse período de vida de Teresa tem claramente um caráter místico. Seis meses depois de seu autoabandono à Misericórdia, fala desse novo dilúvio de graças. "Vós sabeis que torrentes, ou melhor, que oceanos de graças vieram inundar minha alma. [...] Ah, desde esse dia feliz o amor me envolve a cada momento, purifica minha alma e não deixa nela mais nenhum vestígio de pecado" (A, 84r). Isso é viver de Deus! Sua única reação é esta: "Não tenho mais desejo algum a não ser o amor de Jesus até a loucura" (A, 82v).

Mas, como o seu grande desejo está agora livre de toda ambição e desejos pessoais, o caminho para a santidade, para a frente, está claro: "Sinto ainda sempre em mim essa confiança audaz de me tornar uma grande santa, mas eu não confio nos meus próprios merecimentos, pois não tenho nenhum. Porém coloco minha esperança nele, que é minha própria virtude e santidade. Somente Ele se contentará com minhas fracas tentativas e elevar-me-á até Ele e me fará santa, cobrindo-me com seus méritos infinitos" (A, 32r). Quão teologal tornou-se sua esperança! Quer dizer, não está mais fundamentada sobre si mesma, mas no amor de Jesus: Homem que é capaz de preencher todos os aspectos vazios de seu coração.

Abandonar-se totalmente a Ele, eis o grande sonho: "Não desejo mais sofrimento nem morte, e contudo amo a ambos; somente o Amor me atrai. [...] Agora é somente o abandono em Deus que me guia! Não consigo pedir mais nada com fervor, a não ser o cumprimento perfeito da vontade de Deus na minha vida" (A, 83r).

4 Na noite da fé

A luz radiante perdura até a primavera de 1896. "Eu me alegrava com uma fé tão viva e clara, que o pensamento do céu constituía minha felicidade" (C, 5v).

Por um momento apenas a escuridão tomou ainda conta do seu coração. O prazo do cargo de priora ocupado por sua irmã Inês findara no dia 21 de março, e havia muita probabilidade de ser reeleita; mas depois de sete dolorosos turnos, Maria de Gonzaga torna-se vencedora. Quando Teresa ouviu isso, "ficou tomada de mudez" (dizem as testemunhas), mas depois se recompôs.

Mas chegou novamente a Semana Santa: dias cheios do grande mistério do amor de Deus. Ao ter tido, na noite de Sexta-feira Santa, pela primeira vez, escarros de sangue – e na noite seguinte, novamente –, Teresa reage com profunda felicidade. Pareceu-lhe que isso era como um sinal que anunciava a vinda imediata do esposo (C, 5r).

Mas a esposa não está ainda bem-preparada. O sofrimento novamente iniciará sua ação purificadora. O sol desaparece do horizonte, a noite cai e a submerge em trevas terríveis. Enquanto Teresa sobe tão agradavelmente no "elevador" para o céu, cai repentinamente a força: ela não sabe mais onde está, quanto tempo vai durar, ou se ainda existe salvação.

1) A Sexta-feira Santa continua

Essa noite cai repentinamente do céu? Conforme o escrito da autobiografia B, inicia no "dia festivo, maravilhoso da Páscoa" (2r). Portanto, dois dias após seu escarro de sangue. Conforme o escrito autobiográfico C, é desde "os dias alegres do tempo pascal" (5v). Certamente deverá haver um nexo com o que aconteceu na Sexta-feira Santa. Teresa sabia: "Aí vem o esposo!" Esclarecida como era, percebe logo que é a tuberculose. Logo o corpo irá ao túmulo e a alma para o céu. E... se não houver céu? Essa pergunta já surgira anteriormente! Uma pergunta que, com toda a sua veemência, se fixará como obsessão no espírito vital daquela jovem mulher de 23 anos. A pergunta emerge de sua psique amadurecida: desde a morte prematura da mãe sente grande necessidade de segurança, indispensável a qualquer pessoa humana; mas agora obscurece sua inteligência.

Agora que Teresa precisa deixar a terra-mãe para uma viagem à terra desconhecida de Deus, esse destino perde sua representação costumeira e torna-se ansiosamente estranho. "Jesus permitiu que minha alma ficasse cercada pelas trevas mais espessas e que a ideia do céu, que antes me trouxera tanta alegria, agora se tornasse apenas fonte de luta e vexame" (C, 5v). Mais do que a maioria das pessoas, Teresa está sendo purificada na sua fé a tal ponto que restam apenas a prata pura e o ouro puro de uma autodoação pura para Jesus: "Agora essa privação retira tudo o que podia estar aderido a uma satisfação natural no desejo que eu tinha de ir para o céu" (C, 7v). Por que continua ela com a certeza de que o céu não é uma projeção de nossos grandes desejos? Por causa de Jesus: *o fato Jesus!* "O céu – escreve Teresinha – não é uma 'narração' inventada pelos homens, mas 'uma realidade concreta' anunciada por Jesus!" (C, 5v).

Poder-se-ia pensar que, com o "forte nevoeiro" que oculta o céu para ela (C, 5v), agora também a missão divina de Jesus e a existência de Deus fossem bloqueadas. Mas não, Teresa escreve na sua autobiografia apenas *tentações contra o céu*, e conta a Inês mais uma vez que o céu (no sentido de nossa existência futura) é o ponto nevrálgico dos seus conflitos; ela sente que é algo de especial dela, sem uma explicação lógica; chama-o de "estranho e desconexo. [...] Creio firmemente no Senhor. Minha provação refere--se inteiramente ao céu. Como isso é estranho e desconexo" (UC, 57, n. 3).

Por causa do fato de que Jesus é realidade, consegue permanecer, na noite mais escura, com sua fé inquebrantável na vida futura. A mão de Deus sustenta-a: graça, fé e experiência da bondade de Deus são forças divinas que a guiam nas trevas. Teresinha, doente, "está num lugar escuro, onde nada distingue" (UC, 154, n. 3), "às vezes a serpente vilã sibila em seus ouvidos" (UC, 46, n. 2), mas Jesus permanece e a fé continua firme.

Teresa fala sobre as imagens escuras que a atormentam: "Sou forçada a suportá-las, mas, enquanto eu as suporto, faço continuamente atos de fé" (UC, 226). Sem alegria, vive já assim na fé, o núcleo do céu: "Eu não vejo bem o que terei após minha morte a mais do que já tenho nesta vida. Verei a Deus, é verdade, mas estar unida a Ele já estou inteiramente aqui na terra" (UC, 29, n. 7).

Em todo esse processo Deus realiza sua ação purificadora, como São João da Cruz descreveu tão profundamente na sua *Noite escura*. É Deus quem manda essa purificação ou Ele conduz com sua graça um processo psíquico? Tem pouco sentido querer saber isso com exatidão. Para ela o importante é crer, confiar e amar. No seu sofrimento Teresa torna-se corredentora de outros. E com São Paulo poderá dizer: "Combati o bom combate e guardei a fé" (2Tm 4,7).

2) Fé, mais do que nunca

Como pedagogo por excelência, Deus concedeu, primeiro, meses de alegria transbordante a Teresinha, uma experiência pela qual se tornará ainda mais firme na fé, no amor. Isso serve de memória para o momento presente, quando é preciso agarrar-se à fé para crer com confiança cega no poder salvífico de Deus.

O êxodo de si mesma dá-se ao longo de um "túnel escuro". Ela atravessa uma "terra triste". Teresa escreve que as trevas assumem uma voz zombeteira, gritando: "Sonhas com a luz, com uma pátria cheia de perfumes deliciosos: acreditas que um dia sairás da cerração que te envolve! Vai, vai, alegra-te com a morte que te trará não o que esperas, mas uma noite ainda mais profunda, a noite do nada". De repente assusta-se. Deus do céu, como flui tudo isso espontaneamente de sua caneta... "Não quero mais escrever sobre isso; ficarei com medo de blasfemar contra Deus" (C, 5v-7r).

Às vezes se diz que Deus, para Teresa, era uma parede. Mas tal expressão não é exata. Teresinha diz que sua fé não é mais um "véu" transparente como no verão antes de seu ingresso, como o verão anterior e o inverno depois de seu ato de oferecimento, mas uma "parede" que alcança o céu (C, 7v). Novamente trata-se de linguagem simbólica. *Crer* para o pensamento natural de Teresa é como olhar para uma parede. Por isso a fé é mais dolorosa. Mas Deus não é uma parede, algo mudo, fechado. Mesmo se ter fé fosse como estar diante de uma parede, Deus está presente de ambos os lados! Do lado de lá, naquela outra vida misteriosa do céu, como Jesus nos veio anunciar e como Teresa crê; e do lado de cá, no centro de sua existência marcada de provações e ansiedade. Mais do que antes, Deus está presente na vida dela! É o apoio ao qual Teresa se agarra. Mais do que antes, Jesus está presente no pensamento dela. O Jesus de ontem e o Jesus de hoje. Teresinha segura a mão agarrada na sua palavra e promessa! "Em toda a nova luta corro para meu Jesus e lhe digo que estou pronta a derramar até minha última gota de sangue para confessar, assim, que o céu existe".

Teresa concretiza o símbolo do derramamento de sangue por sua fé, e também literalmente, ao escrever no seu livro do Evangelho o Credo com seu próprio sangue! Nunca sua fé foi tão pura e tão intensa: "Jesus sabe: embora não tendo o *gozo* da fé, procuro pelo menos *agir* com fé. Creio ter feito mais atos de fé de um ano para cá do que durante toda a minha vida" (C, 7v). "Gozar", "sentir alegria" não estão presentes no seu ato de fé, mas a atividade de "querer crer" (C, 7v) e agir consequentemente de acordo com o que a palavra de Jesus propõe está mais presente do que nunca. Teresa, na sua noite de fé, não se torna uma infiel, mas uma fiel muitíssimo grande!

Em meio à fé cega e exatamente pela totalidade de sua fé cega, Teresa continua a experimentar, num nível mais profundo também, a alegria do amor gratuitamente oferecido, e a alegria – paradoxalmente suficiente nessa noite – de constatar como o Senhor é misericordioso nas trevas! "Assim posso mesmo exclamar, apesar dessa provação que me tira toda a alegria: Senhor, Vós me cumulais de alegria por tudo o que me fazeis. Pois haverá alegria maior do que sofrer por amor a Vós? [...] Nunca senti tão forte quão amável e misericordioso é o Senhor! Ele me deixou passar por essa prova somente no momento em que tinha forças para superá-la" (C, 7r-v).

Nunca a graça de Deus foi tão ativa em Teresa. Essa mão invisível a conduz, e essa mão ela segura. Ela continua seguindo Jesus, continua mantendo a certeza de que os infiéis serão surpreendidos ao se apresentarem ao Senhor, dizendo: "Senhor, ao ver este mundo maravilhoso, optamos em favor do acaso e do nada depois dele", e ela espera que o Senhor lhes responda: "Vinde, entrai em meu Reino, outros rezaram por vós".

3) À mesa dos pecadores

Também a seguinte motivação ocupa um espaço na sua noite de fé: "Digo a Jesus que sou feliz porque não posso gozar deste belo céu sem que Ele o abra para os pobres infiéis" (C, 7r).

Antes Teresa não podia compreender que houvesse de fato ateístas. Ela achava que eles "contradiziam seus pensamentos mais íntimos ao negar a existência de um céu" (C, 5v). Agora sabe por experiência própria como pode ser veemente a resistência da razão contra a entrega à palavra de Jesus. Há muito tempo sabe que nossa acomodação natural e nossos desejos egoístas nos põem distantes da fé. Aprende também de quantas graças o fiel necessita e quanta fidelidade deve-se praticar na *noite*. Da experiência de sua pobreza, sente-se solidária com "as almas que não têm fé" e com os "pecadores", que ela chama seus "irmãos" e com os quais agora se assenta à mesa "cheia de amargura", pronta para "comer somente o pão da provação" – para que "todos aqueles que não são iluminados pelo facho brilhante da fé finalmente possam vê-lo arder" (C, 5v-6r).

O novo catecismo holandês escreve sobre a *noite* de Teresinha: "Nenhuma outra coisa restou de sua fé a não ser a última autoentrega: 'Quero crer, mas ajudai a minha falta de fé'. Assim, essa jovem se torna uma santa digna de ocupar um lugar entre os heróis citados por Hb 11. No meio da grande crise de fé que seus contemporâneos, a *inteligentsia* e os operários da Europa deveriam atravessar, suportou com eles esse sofrimento no mais extremo abandono de amor durante duas vezes em nove meses. Quantas vidas encontraram nisso seu nascimento?"

À maneira de Joana d'Arc, Teresa luta pela fé da Igreja e pela vitória do bem sobre o mal. Exatamente durante sua noite de fé, vibrou junto dos outros por causa da aventura maravilhosa de uma jovem americana que procurara refúgio num convento francês. Diana Vaughan convertera-se da maçonaria e do espiritismo luciferiano, no qual estivera bem-engajada. Ela refutava seus antigos enganos publicando suas *Mémoires*, que fizeram grande alarde nos círculos católicos franceses e até mesmo estrangeiros. O Carmelo de Lisieux era um fervoroso aliado de Diana. Teresa, na sua pequena obra para teatro, *O triunfo da humildade*, que compusera por motivo da festa da Priora Maria de Gonzaga, escreve: "Diana Vaughan torna-se uma nova Joana d'Arc. Meu maior desejo é que ela se una a Jesus no nosso pequeno Carmelo, quando, então, sua missão será terminada" (RP, 7). Teresa escreve também uma carta a Diana e junta a ela sua fotografia, fazendo o papel de Joana d'Arc. Recebe uma resposta que guarda cuidadosamente.

Por temor da maçonaria que visa a sua vida, Diana continua a se esconder, gerando com o tempo suspeitas a seu respeito. Para terminar com todas essas conversas, a convertida anuncia que, na segunda-feira de Páscoa, 19 de abril de 1897, aparecerá publicamente em Paris, durante uma conferência da imprensa, na qual serão projetados *slides*. Mais de 400 jornalistas católicos e anticlericais estão presentes naquela noite. No fundo do salão está projetado um *slide*: uma foto, assim se diz, enviada por um convento de irmãs carmelitas, por uma admiradora de Diana que se propõe como nova Joana d'Arc. É a foto de Teresa... Em lugar de Diana aparece no palco o escritor Leo Taxil, um assim chamado convertido da maçonaria que, com extremo cinismo, progressivamente revela como, desde havia muitos anos, vinha tapeando a comunidade de fé francesa: Diana nunca tinha existido. Ele mesmo inventara tudo. [...] Alguns dias depois, Teresa toma conhecimento do relato da conferência, inclusive do único *slide* que fora projetado. Rasga a carta de Diana, aliás, de Leo Taxil, em mil pedaços, e joga-a no lixo. Agora mais do que nunca conclui: "há realmente almas que não têm fé, que abusam das graças e perdem esse tesouro precioso" (C, 5v). Agora tem consciência mais clara com que pecadores está sentada à mesa, e pede a misericórdia de Deus para eles.

Teresa tem confiança extrema no amor salvífico do Senhor! Isso depreendemos de uma outra encenação teatral apresentada em janeiro de 1896, escrita por ocasião da festa da Priora Inês: *A fuga para o Egito*. Como numerosas pessoas sem moradia, Maria (Teresa mesma faz seu papel) e José com o Menino Jesus vieram parar no lar de um... malandro. Maria cura o filhinho leproso de Susana, de nome Dimas. Mas a mãe continua preocupada com o futuro do menino: será que, considerando o ambiente e os fatores hereditários, irá mais tarde seguir o caminho do pai? Maria faz a mãe entender que ela não deve fomentar ilusões demais de que o pequeno Dimas não venha a agir muito melhor que seu pai. Com seu olhar profético, anuncia que seu próprio Filho Jesus, da cruz, dirá um dia a Dimas: "Hoje estarás comigo no meu Reino". A bondade de Jesus acompanhará o futuro bom ladrão até o fim. Ele não gosta de trabalho pela metade! A condição é Dimas mostrar-se aberto à graça... Depois, Teresinha (Maria) diz a Susana: "Tenha confiança na sua infinita misericórdia. Ele é suficientemente grande para apagar os maiores crimes, quando encontra uma mãe que coloca toda sua confiança nele. Jesus não deseja a morte do pecador, mas que ele se converta e viva para sempre" (RP, 6).

Assim, Teresa continua sendo instrumento de salvação, rezando, sacrificando-se e até mesmo através de encenações. A festejada do dia, a Priora Inês, fica um pouco irritada por causa da linguagem trivial dos bandidos, suas músicas provocativas, as escaramuças nas quais as noviças-atrizes se agridem (cuidadosamente!) com garrafas, e a grande demora da peça. Num dado momento a priora se levanta e manda parar tudo. Atrás das cortinas, Teresinha enxuga uma lágrima e tenta sorrir novamente. Daí para a frente ela escreverá somente peças curtas.

5 Minha vocação é o amor – o amor de uma pequenina

Teresa alarga seu pequeno caminho do amor misericordioso de Deus para todos. Passados dois meses depois de sua noite escura de fé, é-lhe solicitado rezar e fazer sacrifícios especialmente por um segundo "irmão sacerdote", Adolph Roulland, que parte para a China. Ela mesma sempre desejara partir numa missão carmelitana, e, no outono de 1896, pensou-se seriamente na possibilidade de sua partida para Hanoi.

Seu coração está imbuído de grandes desejos missionários para levar o amor de Deus pelo mundo afora. Gostaria de ser missionária de Jesus em todo o tempo e em todo lugar. Diante da impossibilidade de fazer isso, e atormentada, finalmente nela desperta a vocação eclesial: "no coração da Igreja, ser o amor". Isto supera a aparente contradição.

Tudo isso Teresa registrara no seu escrito autobiográfico B, em carta de setembro de 1896 à sua irmã Maria. É o documento que contém a grande luz de sua doutrina sobre a infância espiritual.

1) Uma longa carta

Primeiramente, alguma coisa sobre a estrutura externa desse manuscrito. Um tempo atrás, Teresa tivera uma conversa com sua irmã Maria. Esta lhe pedira para colocar no papel, para ela, sua "pequena doutrina" (B, 1v). Durante o retiro silencioso de 1896, em 8 de setembro, 6º aniversário de sua profissão, Teresa começa a fazer isso. Toma duas folhas de papel quadriculado, dobra-as em dois e preenche-as. Isso dá, portanto, oito páginas: cronologicamente, a primeira parte do manuscrito B.

Depois toma uma nova folha, dobra-a como capa ao redor das já escritas e enche a primeira página até chegar às outras já preenchidas anteriormente. O que agora funciona como segunda parte do manuscrito (B, 2r-5r) foi, portanto, cronologicamente, escrito primeiro e o que agora constitui a primeira parte desse manuscrito (B, 1r-v) vem cronologicamente depois: são páginas que resumem as seguintes e as esclarecem.

Em seguida, Teresa coloca suas reflexões debaixo da porta do quarto de Maria! Mas sua irmã não entende muito bem. O núcleo do depoimento de Teresa escapa-lhe. Arregala os olhos diante dos desejos impetuosos de sua irmã e pede, alarmada, explicações mais precisas. A resposta segue-se logo: a carta 197 de Teresinha, escrita em 17 de setembro, é uma nova tentativa para deixar clara a essência de sua pequena doutrina. É, por assim dizer, a terceira parte do manuscrito B. Nessa ordem tentaremos explicar as grandes linhas de força dessas páginas que pertencem à literatura espiritual mais sublime.

2) O caminho do amor

1) Teresa repete seu sonho animador de 10 de maio daquele ano (B, 2r-v). Nesse sonho vê a Irmã Ana de Jesus, aquela que levou a reforma teresiana da Espanha para a França e a Bélgica. Teresa tem uma breve conversa com essa grande carmelita e pede, em seu sonho, que ela possa ir logo para o céu, e em segundo lugar (ambas as perguntas estão profundamente enraizadas no seu inconsciente) pergunta: "O bom Deus não me pede nada além de pobres e pequenos atos e desejos? Está Ele contente comigo?" Recebe resposta afirmativa, e acorda cheia de alegria.

Teresa sentirá esse sonho como um estímulo do Senhor em meio à prova sombria de fé e a confirmação acerca da exatidão do seu caminho. Realmente seu pequeno caminho está aqui bem resumido. Esforçar-se para fazer bem "pobres e pequenos atos" que estão ao seu alcance, e depois desejar isso, é confiar em que o Senhor, com seu amor, aceite tal incapacidade e lhe conceda o que ela não pode adquirir por si mesma. Essa narração, portanto, é uma grande introdução à sua "pequena doutrina".

Ainda um instante de atenção sobre atos "pobres e pequeninos". Essas não são palavras ditas por Teresinha só para agradar. A grande contemplativa preenche as suas fórmulas e leva a sério o que diz. Está consciente de sua pobreza e lutas, e é nessa luz que devemos interpretar o uso de "pequeno" no manuscrito. A pequenez é o clima vital de Teresa! Mas quanta nobreza está escondida aí! "Pequenos" aqui é sinal de humildade profunda, esquecimento de si, verdade e prontidão para a oferenda de si; abertura para Deus, em quem confia. São esses os pobres que Jesus declarou bem-aventurados no Sermão da Montanha. Teresa se alia decididamente a esse grupo. Ela vê os pequenos como a categoria dos amigos privilegiados de Jesus – propriamente falando, a única classe que Jesus ama espontaneamente, pois "se não vos tornardes como crianças, não entrareis no Reino do Céu", diz Ele a todos (Mt 18,3). Teresinha quer evitar toda a aparência de mania de grandeza. Por isso, confessa suas "infidelidades", "fraquezas" e "faltas".

É típico ver como, nessa carta, sublinha a expressão "pequeninas almas" sete vezes seguidas. Ela sabe que há muita gente assim. Junto a essas almas Teresa se sente bem, e a elas é destinada sua "pequena doutrina". Em última análise, descreve o caminho que todos devem seguir.

2) Esses "pequenos" não estão em contradição com a magnanimidade que aparece claramente nos "desejos imensos" que agora ela viverá (B, 2v-3r). Junto com o aprofundamento do seu amor por Jesus e sua fé na misericórdia de Deus, também sua mobilidade apostólica aumenta de maneira intensa e torna-se universal. Suas aspirações veementes tornam-se uma "verdadeira tortura" para ela, um começo já de martírio de amor, pelo qual pediu no ato de oferecimento ao Amor.

Seu coração sente-se torturado pelo fato de que seus desejos contraditórios não podem se harmonizar, e nem sequer um deles consegue transformar-se plenamente em ação, na sua vocação de carmelita. Ela quer amar ilimitadamente numa vida limitada. São "esperanças que vão infinitamente longe", "maiores do que o universo". É uma linguagem sem lógica! Nenhuma pessoa consegue realizar um leque tão amplo de desejos diversos. Entre o sonho e o limite *origina-se* uma tensão insuportável. É o sofrimento grandioso de um grande amor.

3) O manuscrito B continua contando como Teresa, durante um dia de verão de 1896, faz a leitura orante dos capítulos 12 e 13 da Primeira Carta aos Coríntios, à procura de uma resposta. O Espírito Santo comunica-lhe paz e luz! Compreende como o amor, que São Paulo chama de "caminho" "que está acima de todos os dons", é força motora da Igreja. Como o corpo físico na sua vitalidade depende dos impulsos do coração, assim também vive o corpo místico de Cristo, que é a Igreja, sustentado pelo amor divino, fonte de vida para si e para outros. O amor é o dom de Deus que na Igreja dá vida à palavra e aos sacramentos – e pode operar ao longo de caminhos muito curtos.

"Compreendi que somente o amor fez os membros da Igreja agirem; que, se se apagasse o amor, os apóstolos não conseguiriam mais anunciar a Boa-nova e os mártires se recusariam a derramar o seu sangue. Compreendi que o amor abrange todas as visões, que o amor é tudo, que abarca todos os tempos e lugares, numa palavra, ele é eterno. Então, no extremo de minha alegria delirante, exclamei: 'Ó Jesus, meu amor! Encontrei finalmente minha vocação, minha vocação é o amor! Encontrei o meu lugar na Igreja, minha mãe: serei o amor! Assim, serei tudo, assim meu sonho tornar-se-á realidade!'" (B, 3v).

Teresinha busca sempre seu ideal do passado, o amor, na plenitude da santidade. Mas aqui esse amor recebe sua plenitude apostólica. O antigo ideal é entendido de forma nova, num sentido mais pleno. A consciência comunitária de Teresa torna-se sem limites. Seu amor por Jesus e seu reino torna-se tão profundo quanto o oceano, extenso como a terra, fiel até a morte.

4) Mas será que Teresa não vai além da sua capacidade? Buscando tão intensamente o amor, e sendo uma alma tão pequenina, como poderá realizar isso? A resposta do manuscrito B consiste num apelo novo e ainda mais intenso do pequeno caminho, descoberto anteriormente, da misericórdia de Deus, que a levará ao cume mais alto. O "segredo" (B, 3v) de Teresa para alcançar sua finalidade consiste na doação radical de sua disponibilidade.

Cheia de esperança, Teresa se oferece novamente ao Deus misericordioso: "Eu sou apenas uma criança incapaz e fraca. Contudo, essa mesma fraqueza me dá audácia para oferecer-me como vítima ao vosso amor, ó Jesus". E Teresa mostra o novo caminho de salvação que Deus abriu para nós desde que nos deu seu Filho Jesus. Após a antiga aliança, a "lei do amor", pela vinda do Verbo, fez sua entrada no mundo. Quanto mais profundo descer o amor até nós, tanto mais revelará seus traços de misericórdia: "O amor me escolheu como vítima, a mim, criatura pobre, pequena, fraca e imperfeita. Essas coisas não cabem no amor? Pois, querendo ver o amor plenamente atuante, deve-se ser capaz de curvar-se; curvar-se até o nada, e transformar esse nada em fogo" (B, 3v).

5) Em seguida Teresa tratará de outras coisas, de maneira que dará forma ao seu amor generoso por Jesus e pela Igreja. "Pois o amor deve-se provar por atos" (B, 4r): um princípio sadio – não tolera relaxamento, embora sempre deixe a última palavra à vontade de Deus que, com sua misericórdia, vem ao encontro dela. Também aqui ela se deixa tomar pelo amor de Deus, amor que quer transformar em atos.

Veremos adiante como o amor, na sua radicalidade, mostra um rosto quotidiano, humilde, manifestando-se em pequenos atos da vida diária (B, 4r-v).

Com a alegoria do passarinho, Teresinha faz uma descrição detalhada de sua confiança em meio à fraqueza e provação da fé. A presença de paz, alegria, doação audaciosa e fidelidade na fé de um lado, e, de outro, a exclusão de todo temor, tristeza e deserção sobressaem nesse trecho (B, 4v-5r).

O estilo de oração em que todo esse trecho está elaborado adquire até o final um fervor maravilhoso. Todo o pensamento de Teresa gira ao redor do eixo misericórdia/confiança. Citamos: "Ó Jesus, deixai-me dizer que vosso amor vai até a loucura. Como podeis querer, ante essa loucura, que meu coração não se arremesse para Vós? Como poderia minha confiança estar limitada em relação a Vós? Sou pequenina demais para fazer coisas grandes, e minha loucura é esperar que vosso amor me aceite como vítima... Um dia, assim espero, ó Águia adorada, vireis em busca de vosso passarinho, subindo com ele para a fornalha de amor, para mergulhá-lo por toda a eternidade no abismo ardente desse amor ao qual Ele se ofereceu como vítima. [...] Ó Jesus, como poderei dizer a todos os pequeninos como é inefável esse encontro de amor convosco? Sinto que vós – embora seja possível –, ao encontrardes uma alma mais fraca e menor do que eu, teríeis prazer de cumulá-la de favores ainda maiores, se ela se abandonasse inteiramente à misericórdia infinita. [...] Mas por que desejar passar adiante esse segredo do vosso amor, ó Jesus? Não fostes Vós mesmo que a mim o revelastes, e também não o poderei revelar aos outros?"

3) Confiança, somente confiança

Só depois Teresa escreve, como já explicamos, as páginas que agora funcionam como as duas primeiras do manuscrito B. Elas ilustram mais uma vez, de um lado, *a finalidade* que domina sua vida ("a ciência do amor", que supera toda a riqueza, "o único bem que Teresa quer buscar"), e, de outro lado, *a atitude* que é necessária para receber esse amor: "Aprouve a Jesus mostrar-me o único caminho que leva à fornalha divina: o caminho é do abandono da criança que, sem medo, adormece nos braços do Pai". Para esclarecer isso, Teresinha apela para dois textos da Bíblia que estão na fase da descoberta de seu pequeno caminho (B, 1r).

A carta de 17 de setembro a Maria (Cr, 197) ilustra ainda melhor esse seu modo de ver. Teresa declara que seus desejos impulsivos à procura do martírio não são "importantes" e, menos ainda, são o fundamento de sua confiança imensurável. "Sinto claramente que não é isso que agrada a Deus na minha pequena alma. O que lhe agrada é que eu *amo minha pequenez*, minha pobreza; a confiança cega que eu tenho na sua *misericórdia*, eis aqui meu único tesouro".

Teresinha tenta, por todos os meios, deixar as coisas mais claras para sua irmã: "Compreenda que, para amar a Jesus, para ser *vítima de seu amor*, tanto mais se é idôneo para passar pela ação desse amor consumidor e transformador à medida que se é mais fraco, sem desejos e sem virtudes. Apenas o *desejo* de ser vítima é suficiente, mas deve-se consentir em permanecer sempre pobre e sem força, e esta é exatamente a dificuldade". Numa última tentativa de colocar o núcleo da questão bem claro, Teresa chega à seguinte formulação maravilhosa e bem profunda: "É a confiança, e nada mais, que nos deve levar ao Amor".

Seis anos antes, Teresa, como noviça, escrevera também sobre o caminho para o amor numa carta a Maria Guérin. Lá estava escrito diferentemente: "Eu por mim não conheço outro meio de chegar à perfeição a não ser o amor!" (Cr, 109). Na época, um entusiasmo que não fora suficientemente testado pela vida! Sem a menor dúvida, Teresa estava convencida de que com seus próprios esforços generosos conseguiria realizar seu sonho de amor, desde que se engajasse com todas as suas forças. Apesar de toda a sua generosidade, foi preciso que se passassem vários anos para que Deus lhe desse novas luzes antes de chegar à visão definitiva, pela qual toda a honra deve ser dada exclusivamente a Ele. Certamente sua experiência reflete a experiência de todo cristão que está seriamente à procura de Deus.

4) A transmissão da mensagem

Durante o último ano e meio de sua vida, Teresinha continua elaborando a apresentação e a formulação de sua doutrina para transmiti-las aos outros resumidamente e de maneira simples. Encontramos nas suas várias definições as descrições lapidares sobre as quais desenvolve seus pensamentos a respeito da santidade. Sua visão constitui um todo coeso: é uma pequena "doutrina". Tem algo de próprio: "meu caminho", "minha maneira". Teresa sabe que com ela acontece algo de incomum, que difere da concepção própria de seu tempo.

Ela fundamentará sua imagem paterna de Deus a partir das Escrituras, mas também lhe dará espontaneamente o colorido de sua experiência pessoal de um pai muito bondoso e compreensivo. E a imagem da criança que ela projeta parece em boa parte a recordação da vida de sua própria infância, exemplar e criativa.

No entanto, não podemos dizer que, por causa dessa concepção de Deus como Pai, a santidade de Teresa não seja cristocêntrica. Cristo continua sempre sendo seu centro. É seu esposo, mas um esposo que é revestido de atributos muito paternos. Teresa continua esposa, mas uma esposa que, no correr dos anos, mais e mais se torna como uma criança.

Vários fatores contribuíram para a formulação e apresentação de sua doutrina. Em primeiro lugar, a noite do seu sofrimento espiritual, e logo também o físico, no qual Teresa está vivendo. Com o sofrimento, deve agarrar-se às visões de sua fé e às intuições de sua confiança; pedir fé e confiança com insistência e assimilá-las intensamente. A vida deve aprofundar a doutrina.

Existe ainda o trabalho de formação das noviças. Desde março de 1896 assume essa responsabilidade – sem título, pois esse a Madre Maria de Gonzaga reserva para si. Ela deve acompanhar as noviças ávidas do saber, ajudá-las, aconselhá-las, responder às suas perguntas e objeções. Diante delas, Teresa fala de suas convicções. Procura símbolos, exemplos, ilustrações, anedotas... Sabe ser evangelista do seu próprio caminho!

Também fora dos muros do convento ela tem discípulos; por exemplo, o missionário Roulland, por quem reza e para quem escreve. A ele comunica suas melhores ideias sobre a harmonia e a misericórdia de Deus, e explica sua justiça. Na justiça Ele deve levar em conta nossa fragilidade e, portanto, ser misericordioso (Cr, 226). Ainda há sua irmã Leônia, que por três vezes falhara na tentativa de tornar-se religiosa. Leônia precisa de atenção especial. Ela é o exemplo de uma "pequena alma": fraca, mas cheia de boa vontade. E por fim o seminarista Bellière, seu primeiro "irmão espiritual". Bellière é novo, muito afetuoso, até mesmo sentimental (pois não tivera um pai na sua educação); anda encurvado sob complexos de culpa. Ele deposita em Teresa toda a sua confiança, e ela pode abrir completamente as comportas de sua pequena doutrina. As cartas para Bellière nesse ponto dão uma visão abundante dos pensamentos de Teresa.

Por fim cresce em Teresa a consciência profética de uma "missão" em relação ao mundo. "Sinto que vou entrar no repouso... Mas sinto, sobretudo, que minha missão vai começar, a minha missão de fazer amar o bom Deus como eu o amo, de ensinar o meu pequeno caminho às almas. Se o bom Deus atender aos meus desejos, meu céu se passará sobre a terra até o final dos tempos. Sim, quero passar o meu céu fazendo o bem sobre a terra. Isso não é impossível, pois no seio mesmo da visão beatífica os anjos velam sobre nós. Não poderei gozar nem repousar enquanto houver almas a serem salvas. Mas, no momento em que o anjo disser: 'Já não haverá mais tempo!' (Ap

10,6), então repousarei e poderei gozar, porque o número dos eleitos estará completo e todos terão entrado na glória e no repouso. Meu coração estremece com esse pensamento" (UC, 85-86). Principalmente nas entrevistas que suas irmãs lhe fazem, em seu leito de enferma, ela se manifesta sobre isso.

6 A dinâmica da esperança

Após o estudo do processo de crescimento da confiança em Teresa, queremos explicar mais uma vez a estrutura de sua visão de outra maneira. Como se articulam suas intuições e experiências entre si? Aqui não podemos fazer uma abstração de sua vivência. Vida e doutrina são para ela uma coisa só, e elas se esclarecem e se enriquecem mutuamente. Ela vive sua doutrina e ensina sua vivência aos outros.

Podemos dizer que duas forças confluem na sua busca espiritual. Primeiro, uma força centrífuga: a incapacidade de realizar por si mesma o perfeito amor obriga Teresa a sair de si mesma para se voltar para Deus, "para quem nada é impossível" (Lc 1,37). O ponto de partida é negativo, mas o resultado muito positivo.

Ao mesmo tempo, uma segunda força dá sustento à primeira. Um movimento centrípeto a atrai para Deus, o novo centro. Cativada por sua misericórdia, é atraída para dentro da esfera de atração de Deus. Aqui o ponto de partida é positivo, tendo como resultado a saída de si mesma para, por assim dizer, ser renascida em Deus.

1) O homem, ser imperfeito

À medida que Teresa sente a aproximação de seu fim, coloca-se a si mesma como "fraca" e "imperfeita". Será que devemos levar a sério suas expressões, já que todas as testemunhas falam unanimemente de sua fidelidade irrepreensível?

Primeiramente devemos observar que esses testemunhos são de meros espectadores, e nessa qualidade não podem penetrar na área do coração, onde a qualificação moral de um ato é decidida. Como podem sondar seus motivos? O que sabem eles de sentimentos íntimos e ocultos? Como podem julgar sobre a consistência da receptividade para a graça? É um terreno em que unicamente Teresa e Deus têm acesso. "Somente Deus sonda o coração a fundo", escreve ela (C, 19v).

Segundo, existem ainda faltas de culpabilidade remota, em que não se trata de atitudes deliberadas, mas que têm por base um estado não purificado.

Além disso, desenvolveu-se mais em Teresa uma consciência muito sensível em relação a seus anos infantis. Toda a falta tem grande ressonância, também quando a alegria da misericórdia de Deus domina. Sua convicção sobre o encontro do amor de Deus com ela não a impede de articular a sua fidelidade singular para com Deus, em profunda adoração à sua misericórdia.

O seu processo de crescimento em Deus faz aumentar progressivamente sua sensibilidade em relação ao bem e ao mal. São João da Cruz explica com palavras enérgicas que uma noite de sentimento de indignidade pode ser causada na alma quando Deus se aproxima dela. Na luz de Deus a menor poeira torna-se visível. Desde que Teresa senta-se à "mesa dos pecadores" com os incrédulos e pecadores, sente-se por dentro solidária com eles. Certa manhã tem a nítida impressão, durante a oração do ato penitencial, de que é uma "grande pecadora" (UC, 128, n. 3). Lembrando-se da estampa de Jesus crucificado que há dez anos despertara no seu coração uma sede apostólica tão grande, escreve agora: "Senhor, Vós sabeis que vos amo, mas tende compaixão de mim, pois sou pecadora". Cinco meses antes de sua morte revela a Bellière: "Creia-me, o bom Deus não deu a você nenhuma irmã muito grande, mas uma alma pequenina e muito imperfeita" (Cr, 224).

Tais pronunciamentos não têm o objetivo de crescer na humildade ou de enganar os que vivem com ela. O pensamento de Teresa é sério quando fala de sua pobreza. Ela projeta o seu caminho exatamente a partir dessa situação de imperfeição, que, junto com a misericórdia de Deus, são terra fértil onde germina a confiança. "Humildade é verdade" (CG, 19), repete ela como sua homônima e padroeira Teresa de Ávila. Isso lhe faz descobrir tanto as grandes maravilhas que Deus nela operou (C, 4r) quanto reconhecer as limitações que a mantêm abaixo de sua missão. Exteriormente talvez não se possa observar mais nada, mas interiormente ela vê a si mesma com o olhar purificado e perspicaz de uma santa. Não se pode pensar que Teresa ensine um caminho de confiança para uma situação de perfeição aos outros, enquanto ela mesma não precisasse mais segui-lo. Estando mais adiantada no caminho, ela e os outros têm isso em comum: todos estão a caminho para o cume que, com suas próprias forças, não podem alcançar.

É sem dúvida consolador ouvir a santa de Lisieux até nos últimos meses de sua vida confessar a espécie de suas pequenas faltas. Gestos de impaciência durante sua doença – um instante apenas (Cr, 230). Pequenas oportunidades para fazer sacrifícios que ela deixa passar (C, 31r). E quando a caridade fraterna veio a ser nela uma segunda natureza, mesmo assim não descuida: "Não quer dizer com isso que jamais me aconteça cair em faltas. Ah, sou imperfeita demais para isso (C, 13v). Mas toda a tristeza egoísta de falhar é absorvida pela alegria da verdade. "Mesmo se todas as criaturas se inclinassem para essa florzinha, a admirassem, a cumulassem de louvores, não sei por que, mas isso não conseguiria acrescentar uma única gota de falsa alegria à verdadeira alegria que goza em seu coração, vendo-se tal qual é aos olhos do bom Deus: um nada, pobre, pequenina, nada mais" (C, 2r).

Essa imperfeição não é apenas um fato, mas também uma condição humana inevitável. No seu "ato de oferecimento ao amor misericordioso", Teresa diz "que todos os nossos atos justos são maculados ao olhar de Deus" (Jr 64,5) e prevê com realismo que "ela, por fraqueza, às vezes cairá. Nenhuma vida humana está isenta de faltas" (Cr, 226), e que "os homens mais santos somente no céu serão santos" (C, 28r). De fato, "o justo tropeça sete vezes por dia" (Pr 24,16).

Três meses antes de sua morte Teresa faz uma bela confissão. Junto com sua fé, cheia de esperança na força libertadora de Deus, tem de si uma visão profunda da insuficiência, que é inerente a cada crescimento humano para Deus: "Quando recordo o tempo de meu noviciado, vejo bem como era imperfeita. Eu me preocupava por coisas pequenas que agora para mim são motivo de riso. Ah! Como o Senhor é bom por ter-me feito crescer, por ter-me dado asas! Sem dúvida, mais tarde, o tempo que viver parecer-me-á repleto de imperfeições. Mas agora não me admiro mais de coisa alguma. Eu não me preocupo quando vejo que sou a própria fraqueza. Pelo contrário, é nela que me glorifico, e todos os dias estou preparada para descobrir em mim novas imperfeições" (C, 15r).

2) É impossível igualar-se a Deus

Ainda de outra maneira Teresinha é diretamente confrontada com suas limitações por causa do seu infinito desejo de amor. Amar total, ilimitada e infinitamente, era esse o sonho dessa jovem mulher. Para isso ela se libertou: tornou-se pobre, orante, vigilante, animada por um profundo senso pelo infinito. No dia de sua profissão reza pelo "amor que não sou mais eu, mas Vós". No seu ato de oferecimento ao amor, suplica pelo "perfeito amor", pelo "martírio" desse amor. O manuscrito B fala da "plenitude do amor" (4v) e dez vezes repete a "loucura" desse amor.

A prática do amor desperta nela a consciência de todas as possibilidades que estão colocadas no fundo do coração humano. Ela desperta para o gosto de amar. Em cada ato de amor sente o apelo de "novamente" e "mais". Sua capacidade de amar aumenta cada vez mais: "Vejo com alegria que meu coração se amplia quando eu o amo [Deus], que o coração pode oferecer incomparavelmente mais ternura àqueles a quem ama do que quando se ocupa somente com o amor egoísta e infrutuoso" (C, 22r). "Um coração que se abandona a Deus não perde a ternura natural; pelo contrário, aumenta-a e torna-se mais puro e mais divino" (C, 9r). Cada ato de amor realizado desperta uma nova sede de amor. "Vosso amor é meu único martírio, e, quanto mais o vejo arder em mim, tanto mais eu vos desejo" (P, 31).

Por toda a sua vida perpassa o desejo de amar o Amado, numa resposta pronta e correspondida que tanto retribui quanto recebe. Em seu fervor Teresa quer amar a Deus tanto quanto Ele a ama. Deus nos ama primeiro e mais plenamente. O amor inferior sempre deve dar-se por vencido: "Deus é maior do que nosso coração" (1Jo 3,20).

No entanto, o amor não pode deixar de aspirar a essa igualdade. São João da Cruz diz que "a alma deseja amar a Deus com a pureza e a plenitude com que ela é amada por Ele, para assim compensar amor com amor. [...] Essa igualdade a alma sempre buscou. De fato, quem ama não pode satisfazer-se se não sentir que ama tanto quanto é amado" (CE, 38,2-3).

Nosso amor é o próprio amor de Deus que foi infundido em nossos corações pelo Espírito Santo que nos foi dado (Rm 5,5), e nossa missão é ser canal que deixe refluir o amor de Deus de forma íntegra e desimpedida para Ele. Mas como o canal pode ter largura a tal ponto de permitir a passagem desse amor infinito? E o que acontece se o mesmo, por um momento, se fecha e impede a passagem da correnteza desse amor? Se se cometerem reais faltas e pecados, não serão esses furos que irão gerar uma diminuição no amor?

Teresinha perceberá, caminhando com clareza inexorável, que nunca amaremos a Deus como Ele nos ama. Ficaremos sempre em falta, em plano inferior. Devemos sempre admitir a insuficiência do nosso amor. Na noite de sua vida essa santa, numa ampla retrospectiva, faz a seguinte confissão emocionante: "Vosso amor guardou-me desde minha infância. Cresceu comigo e agora é um abismo do qual não posso sondar a profundidade. Amor atrai amor. Meu amor lança-se para Vós. Quisera cumular o abismo que o atrai, mas ah! Seria menos do que uma gota de orvalho perdida no oceano. Para amar-vos como Vós me amais seria preciso que me emprestásseis vosso próprio amor; então, somente assim encontraria repouso".

Três conclusões se impõem agora:

1) Nosso amor é chamado essencialmente para deixar triunfar o amor maior de Deus. Ele deve pôr em relevo o fato de que Deus nos ama mais, de forma livre e misericordiosa.

2) O homem deve aceitar-se a si mesmo de verdade como ele é e como ele poderá tornar-se. Deve aceitar com humildade sua imperfeição, real e inevitável. E humildade é o elemento básico do caminho de Teresinha.

3) O amor por si mesmo nunca pode chegar completamente até onde quiser. Também, se nunca mais falhasse, continuaria sendo verdade que é impossível pagar a Deus com moeda de amor igual. Diante de Deus estamos sempre em vermelho. Daí a importância da esperança. Finalmente, resta-nos fazer um pedido: "Senhor, dignai-vos fazer vosso próprio amor crescer em nós. Completai o que falta ao nosso amor. Enchei nossas mãos vazias, dai-nos vosso coração".

Esse é o movimento interior que encontramos nos momentos cruciais da evolução de Teresa, na descoberta de seu pequeno caminho, no seu ato de oferecimento ao amor, no manuscrito B. Reencontramos esse movimento em cada momento de sua vida.

Várias vezes Teresa formulou insistentemente sua oração de esperança:

> Ah! Mil corações concedei-me
> Para vos amar.
> Mas não é bastante ainda!...
> Dai-me, ó Jesus, Beleza suprema,
> O vosso próprio coração divino,
> Para vos amar (P, 24).

E, em outro lugar:

> É vosso amor, ó Jesus, que peço.
> É vosso amor que deve transformar-me.
> Colocai no meu o vosso coração abrasador
> E eu vos louvarei e amarei!
> Sim! Louvar-vos-ei como no céu.
> Amar-vos-ei como Vós lá sois amado!
> Amar-vos-ei com o mesmo amor
> Com que me amastes,
> Ó Jesus, ó Verbo eterno! (P, 41).

Por mais fervoroso que possa ser o amor na busca de Deus, "só Deus dá o crescimento" (1Cor 3,7). Mais do que todos os esforços imagináveis o homem deve unicamente esperar de Deus o caminho para a plenitude mais alta de semelhança com Ele, para a mais alta participação do seu amor.

Mas podemos ter esperança. Numa carta a Lea de Bondy, Charles de Foucauld escreve, no último dia de sua vida: "Como é verdade que nunca amaremos o suficiente! Mas Deus sabe de que barro fomos plasmados. Ele, que nos ama muito mais do que a mãe a seu filho, disse-nos que não rejeitará quem for a Ele".

3) Na atração da misericórdia

A vida trouxe para Teresinha uma experiência muito feliz. "Talvez seja uma ilusão, ó meu Jesus, mas me parece que não podeis cumular uma alma de mais amor do que cumulastes a minha. Aqui na terra não posso imaginar nenhum amor maior do que esse que quisestes me oferecer, gratuitamente e sem mérito algum de minha parte" (C, 35r). De um feixe de espigas ela escolhe a mais bonita, dizendo: "Esta espiga é a imagem de minha alma. Deus me cumulou de graças para mim mesma e para muitos outros (UC, 113, n. 3).

Sua experiência clareia também sua visão sobre Deus – uma visão que coincide perfeitamente com o que Jesus nos revelou – e lhe ensina o que Deus quer dela: "Compreendo que nem todos são semelhantes um ao outro. É preciso que haja diferentes espécies de pessoas para honrar cada uma das perfeições de Deus. A mim Ele deu a sua *misericórdia infinita*, e *através dela* eu olho e adoro todas as outras perfeições de Deus. Então todas me parecem irradiar amor. Mesmo sua justiça – e esta ainda mais do que todas as outras – apresenta-se a mim como revestida de amor. [...] Que alegria pensar que Deus é justo: quer dizer que leva em conta as nossas fraquezas, que Ele conhece perfeitamente a fragilidade de nossa natureza. De que terei medo?" (A, 38v).

Para Teresa, a Sagrada Escritura narra a bondade de Deus. De todos os salmos, o 23 (O Senhor é meu pastor) e o 103 (Louva minha alma ao Senhor) têm a sua preferência. Agora, bem mais do que antes, toma consciência do que escreveu no primeiro período de sua vida religiosa: Jesus é o filho do Rei que pede em casamento uma menina do campo (Cr, 109). Como é maravilhoso demorar-se com o amor de Deus, que nos foi dado gratuitamente na humanidade de Jesus: na sua vida entre nós e na sua morte, sua ressurreição e sua presença eucarística.

Como ela vive o mistério pascal! Jesus está vivo, está próximo e nos ressuscita. "Eu compreendo e sei por experiência que o Reino de Deus está dentro de nós! Jesus não precisa de livros nem de doutores para nos instruir. Ele é o Mestre dos mestres, ensina sem rodeio de palavras. Nunca o ouvi falar, mas sinto que Ele está em mim. A cada instante Ele me conduz e me inspira o que devo dizer ou fazer" (A, 83v). "Muitas vezes percebi que Jesus não quer me dar provisões. Mas Ele me alimenta a cada instante com um novo alimento. Eu o encontro em mim mesma, sem saber de onde é que vem. Creio com toda a simplicidade que o próprio Jesus, escondido no fundo do meu pobre e pequenino coração, age em mim com sua graça e me inspira o que Ele gosta que eu faça" (A, 76r). "Mais do que nunca entendo que o que Ele nos faz desejar também realiza" (Cr, 201). Teresa é aqui como o eco de São Paulo:

"É Deus quem realiza em vós tanto o querer como o fazer" (Fl 2,13). O querer, presente de Deus, já vive há muito tempo em Teresinha. *O fazer,* também presente de Deus, ela também experimenta agora.

Para ela, fazer o bem está escrito no Evangelho, seu livro de preferência. "Meu caminho é feito totalmente de confiança e de amor. Eu não entendo as almas que têm medo de um Amigo tão terno. Ao ler determinados assuntos espirituais, em que a perfeição é mostrada através de mil obstáculos, cercados por uma multidão de ilusões, meu pobre e pequeno espírito fica logo cansado. Então eu fecho o livro que quebra minha cabeça e resseca o meu coração. Pego a Sagrada Escritura. Aí tudo me parece claro: apenas uma palavra abre na minha alma perspectivas infinitas; a perfeição me parece então fácil; vejo que é suficiente reconhecer o próprio nada e abandonar-se como criança nos braços de Deus" (Cr, 226).

A misericórdia, portanto, é o que mais ela encontra de fato no Evangelho. "Bastou abrir o santo Evangelho e imediatamente respirar o odor da vida de Jesus e entender em que direção devo caminhar. Não corro para o primeiro lugar, mas para o último. Em lugar de colocar-me na frente como o fariseu, repito, cheia de confiança, a oração humilde do publicano. Mas principalmente imito a conduta de Madalena. Sua admirável, ou, antes, sua amorosa audácia, que encanta o coração de Jesus e seduz o meu, leva-me a agir de forma igual. Sim, sinto que, mesmo que tivesse na consciência todos os pecados que se possam cometer, iria, com o coração arrependido, lançar-me nos braços de Jesus, pois sei quanto ama o filho pródigo que volta para Ele" (C, 36v).

Mais uma vez ela cita as palavras de Jesus: "Não são os sãos que necessitam de médico, mas os doentes. [...] Não vim chamar os justos, mas os pecadores" (Mt 9,12-13). Como um eco da passagem sobre a ovelha, repete este conselho para Celina: "Não tenha medo: quanto mais pobre você for, tanto mais Jesus a amará. Ele irá longe, muito longe, para encontrá-la, se às vezes você se perder" (Cr, 211). Jesus é Deus que ama os homens! "Jesus está muito mais orgulhoso por aquilo que fez na alma de Celina, em sua pobreza e pequenez, do que pelo fato de haver criado milhões de sóis no firmamento" (Cr, 227).

Jesus é como seu Pai, que Ele nos ensinou a chamar nosso Pai. Isto comovia Teresa. Celina encontrou-a uma vez costurando compenetrada. "Em que você pensa?" – perguntou Celina. "Medito o Pai-nosso" – respondeu Teresinha. "É tão maravilhoso chamar Deus de nosso Pai!" E lágrimas cintilaram nos seus olhos.

4) Três imagens

Três imagens podem nos deixar mais claro como Teresa vive seu crescimento para a santidade.

1ª) Um voo espacial

A primeira é a de um universo em expansão. Se nós comparássemos Deus à esfera do universo, poder-se-ia dizer que o homem, pelo amor (pois Deus é amor), entra nessa esfera. Mas à medida que o homem mais ama e mais penetra em Deus, vem-lhe à mente que o mundo de Deus se expande.

Na verdade, aos olhos do homem, a quem Deus ama de forma crescente, Ele se torna cada vez mais digno de amor. Quanto mais possui Deus, tanto mais simultaneamente o ser humano também toma consciência de que

Deus ainda lhe escapa. Assumido gratuitamente na vida de Deus, já é participante de Deus e o deseja simultaneamente ainda mais. A esfera, assim, torna-se cada vez maior. Por um amor crescente o homem movimenta-se, é verdade, em direção a Deus, buscando-o em maior profundidade, aproximando-se do núcleo central dele; mas, pelo movimento da experiência do universo de Deus, o mais profundo de Deus, por assim dizer, escapa ao homem. O adágio de Santo Agostinho: "Deus está mais íntimo do homem do que seu eu mais íntimo, mas também mais alto do que seu ser mais elevado", mostra cada vez mais ser verdade.

Mas também toda comparação é deficiente. Deus, é verdade, não tem "núcleo". Viver de amor a Deus é estar nele, que é indiviso. E essa é a intenção de nossa comparação: pelo amor crescente com que Deus se comunica a nós, temos consciência mais nítida de que Ele ainda pode e deveria ser mais amado. O amor é um movimento contínuo, nunca acaba; é êxodo sem fim, uma peregrinação sem término. Porquanto esse amor maior ainda nos escape, a santidade nos é dada como ideal.

Contra nossa incapacidade de amar a Deus dignamente nesta terra, mesmo se todas as "chances" tivessem sido aproveitadas, está a oração confiante pela qual Deus mesmo fará o impossível tornar-se possível, dando-se a si mesmo, de uma vez, em plenitude ao homem que Ele ama. E embora o homem tome consciência de que essa plenitude de comunicação se revele no céu, ele não pode deixar de pedir desde já esse dom. Mas à medida que Deus o assume mais profundamente e a distância aparentemente se torna menor, o drama do desejo se torna mais vivo.

E assim continua. Quanto mais ele ama, mais queria ter amado. No amor humano ideal já é assim. Como poderia ser diferente em relação à amizade divina ideal? Com suave humor Teresa compara suas concepções de jovem de 14 anos a respeito da perfeição com as de uma cristã madura: "No início de minha vida espiritual, quando tinha 13 ou 14 anos, perguntava a mim mesma o que ainda poderia lucrar. Pois eu pensava que era impossível para mim adquirir uma visão ainda mais profunda em relação à perfeição. Logo eu entendi que quanto mais se avança nesse caminho, mais se percebe que se está longe do fim. Eu me conformo agora em constatar que sempre permaneço imperfeita, e isso me alegra" (A, 74r).

À medida que ela se aproxima, o fim está cada vez mais longe! Assim Teresa nunca ama com seu último amor. Seu amor atual não alcança seus sonhos. Cada vez mais ele deve tornar-se confiança em Deus.

2ª) De topo em topo

A segunda imagem é a de um atalho que serpenteia pela montanha. A experiência turística ensina como pode ser ameaçadora e ao mesmo tempo atraente a escalada de uma montanha. Vê-se o topo, e então se pensa: cheguei. Uma vez estando lá, vê-se outro ponto mais alto. Assim, continua-se sempre, até finalmente alcançar o último pico.

Isso pode ser aplicado ao crescimento humano para Deus, entendendo que nele não há um último topo. Seja qual for o nível a que o amor tenha chegado, esse amor vê sempre aparecer um novo cume. Deus está sempre "mais longe". Amar a Deus "como" Ele nos ama é um sonho, e não uma realidade plenamente alcançada. Não pode ser de outro jeito porque o homem nunca pode tornar-se Deus; foi apenas criado à sua "imagem" (Gn 1,26). Isto implica em participação e diferença, unidade e distância. Por mais que se esforce, o amor deve reconhecer que não se escalou suficientemente alto, e pedir a Deus que, do cume mais alto, desça até nós e nos erga até Ele.

Uma bela imagem que Teresinha faz é bastante válida: os "braços de Jesus" como "o elevador", que nos leva até o alto.

O amor mais sublime não é suficiente para amar a Deus dignamente. Exatamente essa busca intensa de amor lhe ensinará isso. Ela deverá aceitar essa imperfeição humana essencial e aprender a esperar que Deus complete sua incapacidade com o dom de si mesmo.

Essa experiência não é estagnação, mas crescimento. Esperança é amor mesmo, que irá florescer. Deixar de esperar deixá-la-ia asfixiada. São João da Cruz lhe diz que o amor pode distanciar-se de tudo por amor ao Amado, mas não do desejo de poder crescer e possuir mais o Amado e amá-lo mais. "A alma enamorada, por mais conformidade que tenha com o Amado, não pode deixar de desejar a paga e o salário do seu amor, salário pelo qual serve ao Amado; e de outra maneira não seria verdadeiro amor, porque o salário e a paga do amor não é outra coisa (nem a alma pode querer outra coisa), senão mais amor, até chegar à perfeição do mesmo amor: na verdade, o amor não se paga a não ser com o próprio amor.

A pessoa que ama não espera o fim do seu trabalho, mas o fim da sua obra, porque esta sua obra é amar. É, portanto, da obra do amor que ela espera o fim e o remate, que consiste na perfeição e acabamento do amor de Deus" (CE, 9,7).

Essa experiência de mais amor não é, portanto, uma regressão de um gesto desinteressado por um interesse próprio calculado. O único sonho desse amor é tornar-se mais desinteressado e ter condições de doar-se mais. Essa esperança é como uma planta que brota do solo do amor e dele traz a sua seiva. Perpassada de amor, do qual nasceu, ela é uma expressão mais intensa desse mesmo amor que ela quer levar a um nível superior.

Essa esperança, na vida de Teresa, está cheia de amor. Ela espera tudo de Deus, a quem chama de "Pai" e ela mesma lida com Ele como filha.

Teresa mistura as palavras confiança, esperança e abandono. Na maioria das vezes chama esperança de "confiança". Esse termo expressa um caráter mais claro de confiabilidade e uma certeza maior de ser atendida. Teresa se confia à fidelidade de Deus, apaixona-se por seu amor à humanidade e à sua bondade. De antemão sua confiança está plena de gratidão e oração de louvor. Nela também há esperança pelos seus semelhantes, aos quais poderá amar mais ainda se o seu amor for maior. A confiança teresiana se expressa assim: eu espero a Vós mesmo, de Vós, por Vós e por todos os homens.

Sua confiança não é uma defesa absoluta contra o futuro, com seus sofrimentos e trevas. Oferece, é verdade, "a alegre certeza" (Hb 3,6), mas esta deve ser conquistada continuamente através de luta, em vista das promessas a serem ainda realizadas por Deus. Nossa confiança não pode sucumbir diante da nossa acomodação e das nossas dúvidas que querem sempre apresentar a esperança como utopia. Pois, muitas vezes, confiar é "esperar contra toda a esperança" (Rm 4,18). Mas positivamente falando, confiar é uma fonte de vida dinâmica que nos expulsa de nós mesmos, rompe os limites do presente e nos abre para o futuro. Confiança exige desapego e entrega de si mesmo. Por ela podemos nos tornar o homem novo que luta contra o velho que ainda somos e não queremos deixar de ser.

Esse afastamento de si mesmo é o abandonar-se a Deus e por causa dele. Muitas vezes chamou-se Teresinha de "a santa do amor". Talvez possamos apresentá-la como a santa do "superamor", caso essa palavra existisse; quer dizer, da esperança que olha além da condição atual de vida de um grande amor, porém finito e provisório, para uma maior esperança, infinita e definitiva: um amor que somente Deus pode dar. Seu amor recusa-se a parar no nível frágil em que se encontra, então, e suplica o "ainda não" de sua vida em Deus. É um amor consciente e que está ainda a caminho. Amor que perscruta de que maneira pode tornar-se ainda mais amor.

A confiança teresiana é uma síntese de vida teologal: brota da fé da bondade de Deus, flui pelo leito da esperança e desemboca no amor, com quem está mais intensamente unido. Santo Ambrósio diz que entre o amor e a esperança há um circuito sagrado. O amor faz esperar. O amor faz amar mais. Mais amor traz mais esperança. A nova esperança é a linguagem e a súplica para ser novamente enriquecida por Deus. É um caminho contínuo de amor para a esperança, e da esperança para o amor, sempre novos cumes, até que a pessoa se torne um com Deus na plenitude do Reino, após um longo "pequeno caminho".

Já agora, no próprio ato de esperar, Deus está nos atendendo. Quando me dirijo a Ele cresce a minha confiança na sua bondade admirável e aprendo a me unir melhor a Ele e a seus desejos de amor pela humanidade. Seu Espírito opera nisto e vem ao nosso encontro nos animando e fortalecendo. Talvez a pessoa, na sua prática de confiança em Deus, constate após anos que aos poucos algo mudou nela: essa paz silenciosa, essa boa vontade de recomeçar, essa alegria porque Deus é seu Pai, essa certeza de que suas faltas e falhas são apenas "uma gota d'água que cai na fornalha de seu amor". Apesar, e graças à sua pobreza, o homem é mais de Deus; e caso não o for, sê-lo-á na hora de Deus. Mas talvez Deus permita, como na vida de Teresa, depois de muito esperar, que aconteçam também pequenas "graças natalinas".

Teresa sabe perfeitamente quanta nova vida divina pode estar oculta sob a camada superior da psique e do temperamento. Algumas pessoas estão bem mais próximas de Deus do que seus distúrbios e bloqueios deixam transparecer. "O que a nossos olhos é relaxamento – disse Teresa certa vez –, aos olhos de Deus é muitas vezes heroísmo" (PO, 1755). E Celina recebe este conselho: "Ficar-se-á pasmada no céu ao ver irmãs libertas de sua imperfeição. Elas então serão grandes santas" (CG, 108). Agora não são elogiadas e não têm nada para se orgulharem, mas aos olhos de Deus são grandes, pois estão cheias de esperança em meio à sua pobreza.

Amor ou esperança. Qual dos dois terá a última palavra? Por acaso, os escritos autobiográficos de Teresa terminam os três com a palavra "amor". Isso mostra pelo menos que ela se encontrava repleta de amor. Mas Teresa pensa em termos de comportamento e realização ou, antes, como ideal, e, portanto, como esperança? Nesse mundo, em certo sentido, a esperança será a última palavra do homem. Pois o verdadeiro amor leva-o a desejar mais, dá-lhe esperança de um amor maior. A esperança é o amor que aspira, que aqui da terra ergue as mãos suplicantes ao céu. A esperança é o desejo do amor: por ela o amor se prolonga, supera os seus limites. Num sentido, Teresa define seu caminho como "confiança amorosa" (Cr, 261). Confiança é o substantivo que expressa o núcleo; amorosa é o adjetivo que indica o colorido. Certa vez perguntaram a Teresa de que constava exatamente o pequeno caminho; e ela respondeu: "É o caminho da confiança e do abandono total" (UC, 225).

Em outro sentido poder-se-ia dizer que a esperança tem a penúltima palavra na terra. A última palavra nos é anunciada por Jesus no momento do nosso encontro definitivo com Ele. A última palavra na terra, a resposta à nossa esperança, cabe ao amor. Coincide com a Palavra de Deus no céu.

3ª) A ponte

A última imagem que pode esclarecer a doutrina de Teresinha é a da ponte. Apesar de todo o seu amor vivido, ela tem consciência de ainda não ter alcançado a plenitude do amor. Está ainda diante desse grande "abismo" que gostaria de nivelar (C, 35r) para estar inteiramente junto do Bem-Amado.

Esse abismo deve ser superado. Em ambas as margens colocam-se firmes fundamentos. À margem do homem finito coloca-se a pilastra da humildade, pela qual ele experimenta sua incapacidade. À margem de Deus infinito está a pilastra da misericórdia em que o homem acredita. Humildade e fé na misericórdia de Deus são condições essenciais da esperança. Sobre as pilastras constrói-se a ponte da confiança amorosa. Por cima dessa ponte o homem vai até Deus. Ou, mais exatamente, Deus mesmo vem por cima da ponte com seus dons ao encontro do homem, e o leva consigo para a outra margem.

O Deus de amor seria capaz de deixar de atender o homem que fervorosamente espera nele? Para Teresa, isso parece impossível. Pode-se aplicar à esperança o que ela escreveu sobre o valor da oração suplicante, que é, afinal, a linguagem da nossa esperança. "Sim, na oração e no sacrifício está a minha força. São as armas invencíveis que Jesus me deu" (C, 24v). "Como é grande o poder da oração! Poderia chamá-la de rainha que a todo momento tem trânsito livre até o Rei, e alcança tudo o que espera dele" (C, 24r). "O Todo-Poderoso deu aos santos como ponto de apoio a Ele próprio e só a Ele; e como alavanca, a oração que arde de amor, e dessa maneira eles ergueram o mundo" (C, 36v). Jesus mesmo nos ensina a expressar nossa esperança no Pai-nosso. Portanto, essa oração não pode deixar de ter um objetivo. Teresa mostra que Jesus nos ensina a esperança como algo significativo e fundamentado: "Ele nos ensina através de maravilhosas parábolas que é suficiente pedir para a porta se abrir; procurar para encontrar; estender humildemente as mãos para receber o que se pede. Ele diz ainda que tudo o que pedirmos em seu nome a seu Pai, este nos dará" (C, 35v).

As coirmãs de Teresinha contam que ela não colocava limites às suas esperanças. "Como Deus se deixaria superar em generosidade?" – escreve ela (Cr, 226). A Maria da Trindade ela propõe: "Limitar os próprios desejos e esperanças é negar a bondade infinita de Deus! Meus desejos infinitos são minha riqueza, e em mim Jesus realizará sua palavra: a quem tem será dado em abundância" (PA, 1332). Frequentemente repetia as palavras de São João da Cruz: "De Deus se alcança tanto quanto se espera dele".

Mas nada diz tanto sobre a força transformadora da confiança quanto a própria vida concreta de Teresinha. Seu "elevador" funciona maravilhosamente! Ela experimenta que o amor misericordioso entra na sua vida. Sua fidelidade torna-se muito grande e seu amor pelos semelhantes ultrapassa todos os limites.

Com todos os meios possíveis, inculca essa confiança nas noviças. Falando de uma criança que é incapaz de subir o primeiro degrau de uma escada, ela diz: "Consinta em ser uma criança assim: levante sempre o seu pé para subir a escada da santidade. Nem mesmo conseguirá subir esse primeiro degrau. Mas Deus pede apenas a boa vontade. Vencida pelas suas tentativas infrutíferas, Ele mesmo descerá, tomá-la-á nos braços e introduzi-la-á para sempre no Reino de Deus" (PA, 1403).

A Maria da Trindade, que gostava de ver sinais fortes, ela responde: "E se o bom Deus a quiser agora fraca e incapaz como uma criança? Você acha que terá menos merecimento? Consinta, pois, em tropeçar a cada passo e suportar sua cruz na fraqueza. Ame sua incapacidade. Sua alma lucrará mais do que, se sustentada pela graça, realizasse com entusiasmo coisas heroicas, que encheriam seu coração de autossuficiência e orgulho" (PO, 2192).

Assim, ela mesma não tem nenhuma ilusão: "Sou uma alma muito pequena que somente pode oferecer a Deus coisas pequeninas, e mesmo assim acontece que muitas vezes deixo de fazer pequenos sacrifícios que proporcionam tão grande paz à alma; isto, porém, não me desanima. Suporto ter um pouco menos de paz e procuro, em seguida, ser mais vigilante" (C, 31r). Mas ela conhece igualmente a parábola dos operários da undécima hora, e faz o seguinte comentário: "Vejam, se após todos os nossos esforços tudo esperamos da misericórdia de Deus e nada de nossas próprias ações, seremos recompensados tanto quanto os maiores santos" (PA, 1043).

5) Obras ou confiança?

Depois de tudo isso pode surgir a pergunta: Será que Teresa não enalteceu demais a confiança em prejuízo das obras? Não terá ela anunciado a mística da fraqueza?

Estamos aqui diante do eterno paradoxo de um Deus que merece todo o amor e que, ao mesmo tempo, entregou seu coração ao homem imperfeito, que reconhece sua pobreza. Encontramos esse paradoxo em toda a boa-nova de redenção dos pobres. A coexistência da nossa responsabilidade pessoal e a misericórdia surpreendente e envolvente de Deus é um mistério.

Esse paradoxo se manifesta na própria Teresa, ao pé da letra. Há frases como: "Amor só se paga com amor", ou "Amor deve-se provar por obras" (B, 4r) – e de outro lado é dito que "Deus não necessita de nossas obras, mas apenas de nosso amor" (B, 1v). "Meu caminho não é de quietismo – diz Teresa –, "não é passiva minha entrega" (PA, 1358) – e, de outro lado, quer morrer de mãos vazias, e confessa: "Se tivesse tentado acumular merecimentos, nesta altura já estaria próxima do desespero" (CG, 57). "O amor é uma torrente que vem das montanhas e que nada poupa em sua passagem" (CG, 62), mas se Deus devesse recompensar suas obras de amor, ela ficaria bem embaraçada: "Eu não tenho obras, pois não tenho obras, pois não tenho obras... Portanto, esperemos que Ele me recompense segundo suas próprias obras" (UC, 21, n. 1).

Teresa não alimenta o ímpeto do trabalho, mas também não tolera o tédio. No período de seu autoabandono ao amor misericordioso, ela escreve: "A força da ação é a virtude mais necessária para tornar-se santa. Com força de vontade facilmente passa-se a alcançar a plenitude da perfeição" (Cr, 178). Em relação à sua graça "natalina", que a surpreendeu tão misericordiosamente, acrescenta: "Muita gente diz: eu não tenho força suficiente para fazer um sacrifício tão grande. Façamos o que eu fiz: um grande esforço'" (UC, 123, n. 3). Ela repete com Jesus que não se pode entrar no Reino clamando apenas: "Senhor, Senhor, mas sim pelo cumprimento da vontade de Deus" (C, 11v). Com felicidade igual ela ilustra o papel capital da "boa vontade" (A, 45v; CG, 22).

Parcialmente, o paradoxo já fica eliminado se avaliarmos que escala de valores Teresinha propriamente adota. O valor intrínseco de uma ação repousa no amor, e não na importância externa. O amor faz tudo crescer. Sem amor, as grandes coisas são pequenas aos olhos de Deus. "Eu vi – escreve Teresinha – que sem o amor todas as obras não são nada, mesmo sendo tão espetaculares como ressuscitar mortos ou converter povos" (A, 81v). "Não é o valor e nem mesmo a santidade aparente das ações que contam, mas somente o amor com que as fazemos" (CG, 65). "Ter pensamentos bonitos e santos, escrever livros, redigir a biografia de um santo não vale tanto quanto um único ato de amor para com Deus e quanto um ato de obediência, como por exemplo quando de repente somos chamados para um lugar que não é agradável" (CG, 102).

Além disso, o amor está na direção positiva, na intenção do coração e na vontade de fazer algum bem, mesmo quando a ação pode não parecer tão perfeita. A atividade não coincide diretamente com a sua execução integral. Mesmo quando a ação não foi concluída totalmente, pode ter havido na sua motivação inicial muito amor. A ação por amor às vezes chama-se apenas: esforço sincero, tentativa, boa vontade que recomeça sempre, testemunho de insuficiência, mas que será sem dúvida portadora de real amor.

Quando Teresa relativiza as obras, refere-se frequentemente ao que há de grande nelas, de admirável, de brilhante, de sensacional que atrai a atenção: tudo o que ela designa com frequência pelo termo "deslumbrante". Ela se opõe a "façanhas" de mortificação corporal e afasta todos os fenômenos místicos extraordinários. "Isto não é para almas pequenas", diz ela, e não seria mais o seu pequeno caminho. Teresa prefere a pureza de uma fé desinteressada: "É tão maravilhoso servir a Deus na noite da provação! Temos apenas esta vida para viver de fé" (CG, 156).

Agora entendemos melhor por que Teresa buscava centralizar a fidelidade de seu amor nas pequenas coisas do dia a dia que estão ao alcance de todos. Mas também aqui parece que ela não defende a solução mais fácil. O heroísmo não é excluído, mas colocado na vida normal de todo o ser humano.

Quando Teresa, no seu manuscrito, explicou como pelo amor queria realizar todas as vocações, montou uma espécie de programa de trabalho. Era assim: "Sim, meu Bem-Amado, eis como se consumirá minha vida. Não tenho outro meio de provar-te meu amor a não ser jogando flores, isto é, não deixando escapar nenhum sacrifício, nenhum olhar, nenhuma palavra. Aproveitar todas as pequeninas coisas, fazendo-as por amor. Quero sofrer e mesmo gozar por amor. Assim lançarei flores diante de teu trono. Não deixarei uma só sem desfolhá-la para ti e cantarei, lançando as minhas flores. Poder-se-ia parar, fazendo uma ação tão agradável? Cantarei, mesmo quando for preciso colher minhas flores entre espinhos. O meu canto soará tanto mais melodioso quanto mais longos e agudos forem os espinhos" (B, 4r-v).

Portanto, todas essas coisas bem pequeninas, essas "pétalas" frágeis, sem valor algum (B, 4r), um pequeno sacrifício, um olhar, uma palavra, um sorriso... Mas que desejo radical de ser sempre fiel passa por essa página: aproveitar-se de "tudo", não deixar passar "nenhuma oportunidade"! Não é o impulso de produzir, mas o amor que inspira sua confiança: por Vós, "por amor" (três vezes!). Por isso encontra-se também tanta alegria na sua vida, alegria que nem mesmo no sofrimento sucumbe. Permanece, no entanto, um programa, uma orientação e uma missão, mas nas entrelinhas. Teresa confessa que é um passarinho frágil, uma criaturinha imperfeita que de vez em quando se afasta um pouco de sua ocupação. Comete pequenos "erros" e tem conhecimento das infidelidades (B, 5r). Mas há sempre essa vontade maravilhosa de começar de novo e essa magnífica confiança na misericórdia de Deus!

Como Teresinha se sentiria feliz com a parábola de R. Tagore, que tão bem ilustra quanta riqueza de amor pode estar oculta num ato aparentemente pequeno.

"Fui mendigar de porta em porta nas estradas da aldeia, quando vossa carruagem de ouro como um sonho magnífico apareceu no horizonte. Eu, admirado, pensava quem poderia ser esse rei dos reis. Bem alto subia minha esperança. Pensei que meus dias difíceis estavam chegando ao fim e esperava por dons que, sem pedir, me seriam oferecidos e riquezas a encontrar na areia.

A carruagem parou perto de mim. Vosso olhar me tocou e descestes com um sorriso. Chegou a felicidade da minha vida.

De repente, vós estendestes a mão para mim, dizendo: 'O que tens para me dar?'

Ah, era uma brincadeira de rei: vossa mão direita estendida para um mendigo! Indeciso, e sem saber o que fazer, tirei um grãozinho bem pequeno da minha sacola e vo-lo dei.

E qual não foi minha surpresa no final do dia! Esvaziando a sacola, com a esperança de pobre, encontrei nela um grãozinho pequenino de ouro. Eu chorei amargamente e desejei ardentemente ter tido coração para ter-vos dado meu tudo" (CS, *A oferenda lírica,* 50).

Obras e confiança? Teresa oferece aqui um belo equilíbrio. Ame quanto puder, tente provar isso com atos, mas, não o conseguindo, confie-se à misericórdia infinita. Com o auxílio do Senhor, doe-se a si mesmo até onde atingir a sua boa vontade, e, não podendo, entregue-se inteiramente à sua misericórdia, que pode complementar, ajudar e curar. Se seu amor, com a graça de Deus, se tornar mais forte e subir mais alto, deve novamente tentar provar sua autenticidade por uma fidelidade adequada às pequenas coisas. Sem essa tentativa de ser fiel ao que o Bem-Amado pede, a confiança seria freada na sua espontaneidade. Psicologicamente ficaria mais difícil confiar, mas mesmo assim é possível, não obstante o atraso.

Em tudo o que Teresa escreve sobre as obras tem o grande cuidado de dar todo louvor à misericórdia de Deus. Por isso ela relativiza sua própria contribuição. Afirma alhures que seu pequeno caminho não é outra coisa senão o tudo e o nada de São João da Cruz: pelo caminho do nada deve-se chegar ao Tudo; mas ela observa que esse Tudo, Deus mesmo, vem ao nosso encontro e que o nosso abandono total nele, no final das contas, deve vir também dele. "Escalar? Deus quer vê-lo descer!" "Adquirir? Você deve, antes, perder. [...] Você sempre pensa que já chegou... Você fica admirado ao cair. Não, você sempre deve esperar cair" (CG, 26). "Você deve consentir sempre em permanecer pobre e sem força, e aí exatamente está a dificuldade" (Cr, 197).

O pobre de espírito visto por Teresa não visa a preocupar-se com resultados brilhantes. Ele não calcula ter êxito nos seus esforços. Ele não deseja ter belos pensamentos. Ele não quer entender e compreender tudo. Ele vive da fé e da esperança. Seu amor é abrir mão de si mesmo. Ele não se pergunta, preocupado, se fez muitos progressos.

Teresa quer renunciar até mesmo a todos os seus merecimentos. Com isso ela expressa bem sua maneira de ser. É sua bandeira desfraldada diante de Deus. Tudo o que tem cheiro de moral de recompensa e cálculos é inteiramente estranho para ela. Não deseja nunca renunciar à sua dependência da pura misericórdia de Deus. É nisso exatamente que está o seu mérito. Vive da Providência Divina numa atitude de oblação de si. Está aberta a tudo o que Ele pede e dá, mesmo no sofrimento. Seu abandono a Deus é um ato contínuo de confiança: um estado de contínua doação ao Amado, em quem deposita sua esperança e cuja intervenção misericordiosa espera.

Por fim, o paradoxo na vida de Teresa não é negado. O paradoxo do amor entre Deus e o homem, porque ambos querem promover um ao outro. Há dois polos: empregar as forças como se tudo dependesse de você mesmo (e você é capaz de muito); colocar-se diante de Deus de tal modo como se tudo dependesse dele (afinal, tudo vem dele). A doutrina de Teresa é harmonia que não negligencia nenhum dos dois polos, mas une-os numa síntese superior. Faça a sua parte, e Deus fará o resto. Deus faz o máximo, faça você o resto. Deus quer fazer tudo através de você.

"Você deve fazer tudo o que está ao seu alcance – diz Teresa. Dar sem calcular, abnegar-se de si mesmo constantemente. Mostrar seu amor em todas as boas ações que estiverem ao seu alcance, mas levando à risca tudo isso, tem pouco a esperar. Se tivermos feito tudo o que pensávamos que deveríamos ter feito, devemos confessar que somos servos 'inúteis' (Lc 17,10); e, no entanto, esperar que Deus, por pura gratuidade, nos concederá tudo o que desejamos" (CG, 50). Ela não suporta ser rica! "Mesmo se eu tivesse feito tanto quanto São Paulo, eu me consideraria uma serva inútil. Mas o que exatamente me alegra é que tudo receberei de Deus, porque eu nada tenho" (UC, 52).

Na tensão entre a ação e o abandono em Deus, seu coração pende nitidamente para o segundo. É seu carisma. Daí a coragem que emana da sua pessoa. A última frase da sua biografia – *por acaso* a última frase, pois daí em diante Teresa não foi mais capaz de continuar sua obra – acentua mais uma vez como a sua confiança não se apoia nas próprias virtudes, mas na bondade de Deus. "Não é porque Deus, em sua providente misericórdia, me preservou do pecado mortal, que vou até Ele em confiança e amor" (C, 36v). E Teresa pediu insistentemente a Inês que não acrescentasse nenhum outro pensamento: "Diga claramente que teria igual confiança mesmo se tivesse cometido todos os crimes possíveis. Eu sinto que toda essa montanha de ofensas seria como uma gota d'água caindo no fogo em brasa" (UC, 73).

Teresinha tem uma bela definição de santidade. Inês mesma colocou essas palavras na boca da jovem santa. A inspiração, contudo, é inteiramente teresiana: "A santidade não consiste em fazer isto ou aquilo. Consiste numa atitude do coração pela qual nós nos abandonamos, humildes e pequenos, nos braços de Deus, conscientes de nossa fraqueza e confiantes até o extremo na bondade do coração do nosso Pai".

Teresa passou na sua vida por uma evolução. Usava a imagem da mão. Primeiro, sua mão ficava numa posição de pegar, conquistar, com a palma para baixo e os dedos em forma de garra. Progressivamente acontecia uma mudança: os dedos se soltavam, perdendo a tensão, a mão se voltava com a palma para cima, pronta para dar, mas principalmente para receber muito. Isto não se dava num gesto mágico. Para isso foi necessário um processo de crescimento de toda uma vida.

6) No coração do cristianismo

A jovem mulher de Lisieux interpreta nos seus escritos temas teológicos muito profundos sobre a relação Deus-homem. Ela não os encontrou nos livros de estudo, mas os descobriu pessoalmente a partir de seu crescimento sob a luz do Espírito de Deus, a quem se abandonou com sensibilidade refinada e extraordinária. Quase sem o saber, viveu o coração da mensagem cristã, iluminou e fez a Igreja relembrar o problema nuclear da teologia de São Paulo.

Na Carta aos Gálatas e na Carta aos Romanos São Paulo mostra como o fariseu, que representava uma fração importante do judaísmo, é incapaz de se santificar pela lei mosaica. A lei coloca diante dos olhos dele um programa ético tão exigente e complicado, que não é possível ser realizado. É o drama do fariseu: ter diante de si uma alta missão, mas não possuir a força interior para executá-la. A lei, sem mais, lança-o de novo sobre suas próprias forças para realizar-se diante de Deus, Todo-Santo. A lei o conduz a uma atitude legalista que lhe dá uma auréola de justiça, fruto de esforços de uma vontade e fidelidade irrepreensíveis, pessoais. Essa justificação não passa de autojustificação e autoglorificação.

Isso está fundamentalmente em contraste – e Paulo acentua com veemência polêmica – com a atitude religiosa do cristão, que é convidado a esperar sua salvação na confiança de um Outro. O fariseu, pelo contrário, só confia em si mesmo. Deve bastar-se a si mesmo para tornar-se santo. Santidade é trabalho dele. Ele quer atingi-la pela prática das próprias obras, com uma mentalidade lucrativa que busca a salvação em si mesma. Ele vai radicalmente contra o valor primordial do cristianismo, visto que o amor cristão é sempre resposta, reação, abandono à ação de Deus, o qual tem por primeiro a iniciativa. É Ele que impulsiona toda a atividade humana. Que nosso amor seja principalmente resposta de amor e abandono na fé, tornou-se bem claro pelo dom de Cristo e de seu Espírito à humanidade. Em Cristo aconteceu uma mudança radical na nossa relação com Deus. Este operou de nova maneira pela mediação humana de Cristo – Caminho, Verdade e Vida – e pelo Espírito Santo, que agora nos foi dado mais abundantemente. Paulo o entendeu e viveu plenamente: Cristo vem romper a lei com o seu sistema fechado de autossantificação, vem aperfeiçoar a lei com graça abundante e, assim, crucificar a incapacidade da lei, como Ele diz. Ao lado de um retorno radical ao amor como primeiro e maior mandamento – esquecido na prática por uma boa parte de Israel –, Jesus oferece principalmente um novo princípio de vida, uma atitude interior de vida nova: seu próprio Espírito, com rica abundância. A esse sopro de vida propulsor chamamos de graça.

É a graça que nos santifica – e não são nossas próprias forças que nos farão observar a lei. O Espírito impregna nossa vida de amor, uma vez que o Pai o derramou em nosso coração. Ele nos impulsiona a nos relacionarmos com muito amor com o *Abba*-Pai. O amor de Cristo nos persegue, ensina Paulo; Ele é infinitamente fiel e nada poderá nos separar dele. Essa graça salvadora do Espírito de Cristo nos torna participantes da graça do batismo.

Graça é uma iniciativa que vem de Deus e foi merecida pela morte e ressurreição de Jesus, mas diante da qual nós nos podemos abrir pela *pistis,* a fé. Cristo, graça e fé são o novo eixo em torno do qual gira a santidade cristã. Não somos nós que nos salvamos, mas Cristo. O homem é fraco, mas a graça de Deus pode ser nele revelada. Na força salvadora de Cristo o homem até mesmo pode "gloriar-se" de sua fraqueza. É exatamente em Deus que ele é forte, se reconhecer sua fraqueza. Pois então o homem se encontra numa condição favorável para desconfiar de si mesmo e abrir-se para Deus.

Teresa passou pela mesma luta que Paulo. Tal qual São Paulo, a vitória teve que ser alcançada pela derrota da autossantificação. O primeiro encontro de Paulo com Jesus ressuscitado causou-lhe uma impressão indelével. Quando Paulo, que "no judaísmo ultrapassava muito os compatriotas de sua idade como partidário ferrenho das tradições de sua pátria" (Gl 1,14), foi desinstalado no caminho de Damasco e caiu por terra, sofreu o impacto da queda e ficou mais desinstalado ainda no sentido figurado. Derrotado, toma consciência de que não é ele que tem razão, nem a lei, mas Jesus, a quem ele persegue. É uma noite e uma luz ao mesmo tempo, um fracasso e uma revolução, uma crise simultânea e uma perspectiva de libertação. Essa queda é o começo de uma mudança progressiva na sua maneira de pensar e de sentir.

Também Teresa passa por uma conversão profunda. A primeira conversão fê-la sonhar com um santo ideal: "O amor sem outro limite a não ser Vós". Mas sua ética de perfeição torna-se aos poucos um questionamento preocupante. Por sua experiência de incapacidade e por conhecimento crescente de um Deus de amor gratuito, seu ideal modifica-se. Está diante de um dilema doloroso, cuja solução é sempre capitular. "Ou – diz ela – meu sonho era uma ficção de juventude que não resiste à realidade, e eu renunciarei ao meu ideal diminuindo meu nível de aspiração e moderarei meus desejos... ou me entrego mais do que nunca a Deus e arrisco um salto de confiança cega na sua força que opera em mim."

É a ação do Espírito Santo que faz com que ela opte pela segunda alternativa. A segunda conversão – a mais profunda – leva-a da autossantificação para a confiança total e perseverante em Deus. Conscientemente, entrega seu trabalho de santificação nas mãos de Jesus, o ecônomo da salvação que completará seus esforços com seu amor misericordioso. Jesus vem de mãos cheias ao encontro de Teresinha, que está de mãos vazias. Foram necessários anos para que Teresa entendesse, não teórica, mas praticamente, que o Amado não é conquistado, mas quer dar-se gratuitamente. Ele é o Salvador.

Talvez seja preciso que a gente não tenha esperança para descobrir a esperança. Esta vem depois de tudo o que a gente queria construir pelas próprias forças. A verdadeira esperança está além dos sonhos. Então o coração poderá abrir-se ampla, ativa e constantemente de nova maneira para o Senhor da vida e da santidade. "Santidade é, antes, fruto de receptividade e de abertura do que uma questão de esforços pessoais. Ou, mais exatamente: esse zelo e esses esforços são condições indispensáveis, e mais nada. O essencial vem como presente. Na condição cristã chama-se a isto de graça" (Han Fortmann).

Aqui Teresa tocou o coração do Evangelho. Sua "infância espiritual" – ela nunca usou essa fórmula – é a vivência consciente do "espírito de infância que nos faz clamar: *Abba*, Pai" (Rm 8,15). Seu ato de oferecimento ao Amor é a lógica de alguém que repassa seus direitos ao "amor de Deus que está em Cristo Jesus e do qual nada nos pode separar" (Rm 8,39). Sua confiança é a alma da *pistis* de Paulo, abandono amoroso à ação salvadora de Cristo.

Teresa gostava muito da Carta aos Romanos, que ela evoca dezenas de vezes. No livro *Liturgia das horas* guardava esta conjugação dos textos romanos 4,4-6 e 3,24:

"Felizes os que Deus considera justos sem as obras, pois aquele que trabalha recebe o salário, que não lhe é atribuído a modo de favor, mas como seu devido direito. É, pois, gratuitamente que aqueles que não fazem as obras são justificados pela graça, em virtude da redenção que está em Cristo Jesus". Agora ela sabe e se entusiasma: Jesus mesmo quer ser nosso Redentor, assim Ele quer.

Mais de uma vez sublinhou-se a importância ecumênica da doutrina de Santa Teresinha. Essa jovem era católica até à raiz dos cabelos. Obediente até à medula dos ossos à hierarquia da Igreja e, por seu estilo e hábitos, submersa na vida romana de seu tempo. Mas, segundo o conteúdo e concepção de sua vida, está mais próxima do que muitos possam suspeitar daquilo que o protestantismo acentuou como válido na herança cristã da doutrina da redenção.

7 Uma atitude de vida: vossa vida na minha

Nos últimos anos da vida de Teresa constatamos como a atitude de pronta colaboração com a graça de Deus, que nela opera, também se estende concretamente em grande escala no contato diário com o próximo, no apostolado e na oração.

1) A profundidade misteriosa da caridade

Quanto mais Teresa descobre o rosto autêntico de Deus, tanto mais aprende a conhecer o verdadeiro rosto do próximo. É curioso saber que ela, em 1897, último ano de sua vida, ao atingir o ponto mais alto do amor de Deus, "recebe a graça de poder compreender a caridade".

Anteriormente lhe parecia que havia entendido e vivido a caridade de forma perfeita. Porém, agora conclui que tinha da caridade um conceito ainda imperfeito.

Em que consiste essa novidade? Agora ela é profundamente tocada pela palavra de Jesus: "O segundo mandamento é *igual* ao primeiro". "*Como* eu vos amei, assim vós deveis amar uns aos outros" (Mt 22,39; Jo 13,34).

Igual, como: sempre esse desejo de igualar-se o mais possível a Jesus no amor. Teresa explica que por si mesma nunca poderia oferecer a mesma intensidade de amor.

Mas, desde que descobrira o pequeno caminho, os limites do impossível foram banidos. Deixa Jesus agir e completar o que falta nela: "Para mim é impossível, fazei-o Vós, portanto, em mim; eu me abandono inteiramente a Vós".

Essa é a grande intuição daquele ano: Jesus mesmo ama o outro em mim. "Ah! Senhor, sei que não me ordenais nada de impossível, conheceis melhor do que eu minha fraqueza e imperfeição, sabeis que jamais poderei amar minhas irmãs como as amais, se *Vós mesmo*, ó meu Jesus, não as *amásseis em mim*. Foi porque queríeis conceder-me esta graça que destes um mandamento *novo*. – Oh! como o amo, pois ele me dá a certeza de que vossa vontade é de *amar em mim* todos os que me ordenais amar! [...]

Sim, sinto que quando sou caridosa é Jesus só que age em mim. Quanto mais unida estou a Ele, mais amo todas as minhas irmãs".

Teresa está impregnada "das profundezas misteriosas da caridade" (C, 8v). Teresa e Jesus, que nela ama o próximo, são um! Jesus é a alma de Teresa, e nela Jesus ama os outros.

Mas também Jesus e o outro são um. Antes, a caridade de Teresinha era um pequeno degrau em direção ao amor de Deus: "Eu me dedico principalmente a amar a Deus" (C, 14r). Agora o outro não é mais uma fase intermediária, mas um espelho do Senhor. Toda distância diante do próximo desaparece: "Ela vê Jesus, que está oculto na profundidade do coração do outro" (C, 14r). O amor de Jesus corre de pessoa para pessoa no coração dela em direção a Jesus, no coração do outro – amor que enriquece a ambos. O amor que de Deus vem e para Ele vai.

No manuscrito autobiográfico já se pode ler um tratado bonito e realista sobre o amor mútuo, cheio de humor e sabedoria de vida. Qual é para Teresa o ponto mais alto do amor para com o outro, a caridade perfeita? "A caridade perfeita consiste em suportar os defeitos dos outros, não se surpreender com suas fraquezas, valorizar o menor dom que se vê no outro" (C, 12r). Expressar mais positiva e autenticamente não é possível!

Teresinha, entregue à obra que o Senhor nela realizava, resolveu abrir mão de seus últimos direitos. Vê a si mesma como "a serva e a escrava dos outros" (C, 16v). Na sua comunidade, onde o tempo de silêncio, oração e recolhimento são regulados por um horário fixo, ela pode se dedicar inteiramente aos outros também durante as demais horas. Pois perder é a melhor maneira de progredir no amor. "O amor é alimentado por autodoação. Quanto menos se procura a si mesmo, tanto mais forte e desinteressado torna-se o amor" (C, 22). Assim, o amor encontra sua interpretação adequada na vida. Teresa escreve: "É-se obrigada, por vezes, a recusar um favor, por causa das atividades fixas, mas quando a caridade lançou profundas raízes na alma, ela se mostra no exterior. Há uma maneira tão graciosa de se recusar o que não se pode dar, que a recusa causa tanto prazer quanto o dom" (C, 17v).

Assim, ela tenta fazer da vida dos outros e da sua um festim! Com pequenos meios: com a linguagem do rosto e das mãos, das palavras e pensamentos..."Eu quero ser amiga de todos e especialmente daqueles que no relacionamento são os menos amáveis, para alegrar Jesus e dar uma resposta ao seu conselho: 'Ao celebrar uma festa, convidai os pobres' (Lc 14,12-13). Que tipo de festa uma carmelita pode oferecer a suas irmãs, a não ser um festim espiritual de amor alegre e de amizade?" (C, 28v).

Ela já está muito doente ao escrever isso. Mas, onde aparece, cria alegria. No dia 8 de julho de 1897 muda-se definitivamente para a enfermaria. Prepara-se a Unção dos Enfermos; naquele tempo um sinal de que o fim estava se aproximando. Reina tristeza dentro do convento. Talvez no mesmo dia em que escreve as últimas palavras da sua biografia, a Irmã Inês anota, no dia 9 de julho: "Pegamos um camundongo na enfermaria; Teresinha improvisou toda uma história, pedindo-nos que deitássemos o animalzinho ferido a seu lado, que ela o faria auscultar pelo doutor de Cornière. Rimos a valer, e ela ficou contente de nos ter distraído".

Teresa era muito amada na sua comunidade. Isso transparece no jeitinho diplomático com que escreve a Maria de Gonzaga: "*Aqui* sou cumulada por vossas previdências maternais, não sinto a pobreza, pois jamais me faltou algo. *Aqui*, sobretudo, sou amada por vós e por todas as irmãs, e essa afeição me é muito doce. Eis por que sonho com um mosteiro em que serei desconhecida, em que terei de sofrer com a pobreza, com o exílio do coração" (C, 10v).

2) A alma do apostolado

Também no seu apostolado Teresa busca junto ao Senhor inspiração, força e sopro vivificante do Espírito que faz germinar a semente.

Como foi grande o apostolado de Teresa! Ela não precisou cruzar o país inteiro. A carmelita, por Pio XI foi proclamada padroeira das missões, tornou-se, em pé de igualdade com São Francisco Xavier, a padroeira exemplar do apostolado local, "no pequeno local onde se vive, no seu contexto diário".

Para você, esse contexto talvez se chame lar, família, vizinhos, companheiros de trabalho. Para Teresinha são 25 irmãs, um grupinho de gente com quem se corresponde, membros da família e amigos que a vêm procurar, o capelão que atende sua confissão e o médico que a visita. Sua visão de Cristo e seu zelo pelo Reino do Pai inspiram-na com diversas formas de apostolado: o testemunho de sua fé, a alegre bondade, um ouvido à escuta, a palavra certa no momento adequado, um conselho de alívio numa carta...

No próprio mosteiro, Teresa pôde realizar uma missão maravilhosa com as cinco noviças que ela acompanhou. Mas não foi fácil. "Vi logo que essa tarefa excedia minhas forças". Logo, porém, se tornou simples, visto que retomou a intuição central do seu pequeno caminho. Então disse ao Senhor: "Senhor, sou pequenina demais para alimentar vossas filhas; se quiserdes dar-lhes, por mim, o que convém a cada uma, enchei minha mãozinha". E à Madre Priora ela diz: "Desde que compreendi que me era impossível fazer algo por mim mesma, a tarefa que me impusestes não me pareceu mais difícil. Senti que a única coisa necessária era unir-me cada vez mais a Jesus, e que o *resto me seria dado por acréscimo*. Com efeito, jamais minha esperança foi frustrada. Deus dignou-se encher minha mãozinha todas as vezes que foi necessário para nutrir a alma de minhas irmãs" (C, 22r-v).

É claro que Teresinha coloca todos os seus talentos a serviço do Senhor, pedindo-lhe para, sem cessar, lapidá-los. Que respeito pela personalidade de um e outro! "Se apenas por um momento me houvesse entregue às minhas próprias forças, já teria devolvido bem depressa minhas armas a Vós. Visto à distância, parece muito bonito fazer o bem aos outros, fazê-los amar mais a Deus, formá-los segundo sua visão e suas ideias pessoais. Visto de perto, é exatamente o contrário; daí tudo muda. [...] Sente-se que fazer o bem sem o auxílio de Deus é tão impossível quanto à noite fazer aparecer o sol. Percebe-se que se deve deixar inteiramente de lado a própria preferência, as próprias concepções pessoais, e conduzir os outros seguindo o caminho que Jesus destinou a eles, sem tentar fazer com que prossigam segundo nosso próprio caminho" (C, 22v). Sua experiência lhe ensina: "os homens diferem tanto uns dos outros que não me é difícil compreender o que o Padre

Pichon disse uma vez: 'Há mais diferenças entre as almas das pessoas do que entre seus rostos'" (C, 23v). E também isso ela sabe: "que há pessoas nas quais Deus, em sua misericórdia, continua a esperar, e a quem Ele concede sua luz somente aos poucos". Ela toma todo o cuidado para não se adiantar ao tempo do Senhor (C, 20v).

3) Tão intimamente unida a Deus

Uma ligação profunda com o Senhor Jesus é, portanto, para Teresa, uma condição indispensável para ser um bom apóstolo. E, após o encontro com as pessoas, leva-as novamente até Ele. Conversa com Ele sobre todas as necessidades delas. Ele conhece tantas... E ela tem desejos tão imensuráveis em relação a elas, em relação aos missionários, à Igreja universal. Como deve agora resolvê-los?

Numa manhã cai a luz do pequeno caminho sobre esse problema. Certamente Jesus mesmo resolverá todos esses problemas. Cabe a ela abandonar-se a Ele. Deixemos Teresa falar: "Pessoas simples não necessitam de meios complicados. Como sou deste número, Jesus deu-me certa manhã, durante minha ação de graças, um meio *simples* para cumprir minha missão. Fez-me compreender esta palavra dos Cânticos: '*atraí-me e correremos* ao odor de vossos perfumes'. Ó Jesus, não é mesmo necessário dizer: 'Atraindo-me, atraí as almas que amo'. Esta simples palavra: '*Atraí-me*', basta. Compreendo, Senhor, que, quando uma alma se deixou cativar pelo *odor inebriante de vossos perfumes*, ela não poderá correr sozinha; todas as almas que ama são arrastadas após si. Isso se faz sem constrangimento, sem esforço; é uma consequência natural de sua atração por Vós. Assim como uma torrente, lançando-se com impetuosidade no oceano, arrasta após si tudo o que encontra à sua passagem, do mesmo modo, ó meu Jesus, a alma que mergulha no oceano sem fim de vosso amor arrasta consigo todos os tesouros que possui" (C, 33v-34r).

Ah sim, Teresinha com frequência está distraída durante a oração, por mais que se esforce! Então pede novamente com fé e confiança que Jesus a atraia. Ele, a quem ama tanto! Também sua oração não quer mais rezá-la sozinha. Pede a Jesus que Ele viva e ore nela. "Assim rezo então: peço a Jesus para atrair-me às chamas do seu amor, para fazer-me tão uma com Ele, que Ele viva e trabalhe em mim" (C, 36r).

Teresinha, por assim dizer, está magnetizada por Jesus. Seu coração dia e noite volta-se para Ele. "Creio que não se passam três minutos sem que eu pense em Deus. [...] Não é mesmo que se pensa espontaneamente em quem se ama?" (CG, 77). Na sua poesia *Viver de amor* essa carmelita escreverá: "Pessoas que amam necessitam de solidão, um coração a coração de dia e de noite" (P, 17).

Agora, à noite, tem muito tempo para rezar, agora que está na enfermaria enquanto a tuberculose deixa seu corpo dolorido e a doença a consome. Algumas semanas antes de sua morte, à noite, Celina se aproxima dela e a encontra com as mãos em atitude de oração e o olhar voltado para o céu. "O que você está fazendo?" – pergunta Celina. Você deveria tentar dormir. Ela responde: "Não posso, as dores são fortes demais, então eu rezo". "E o que diz, então, a Jesus?" – pergunta Celina. "Não lhe digo nada. Eu o amo" – diz Teresa (UC, 208, n. 2).

Cristo é sua certeza na tempestade, sua luz na noite, já um pouco seu céu na terra: "Meu céu é permanecer sempre na presença de Deus, chamá-lo de Pai e ser sua filha" (P, 32). O Pai-nosso é para ela uma oração bonita e comovente (C, 25v). Toda a sua espiritualidade, aliás, é um comentário vivo sobre essa prece que Jesus nos ensinou. Teresinha vive o espírito dos *anawin,* os pobres de Javé; os pequeninos como Maria, esses "famintos que Deus cumulou de bens" (Lc 1,53).

Por isso Teresinha torna-se mais e mais marial. Ela gosta tanto de Maria! Em sua última poesia tenta mais uma vez verbalizar: "Porque amo Maria" (P, 54). Em Maria, Teresa vê a mãe e o protótipo de todas as pessoas simples que seguem o caminho comum da fé e da confiança. Nazaré e Lisieux estão próximas. Teresinha precisou de 25 estrofes para expressar "quanto ama a Nossa Senhora" e sintetiza no penúltimo verso tudo o que dissera nos versos anteriores: "Sou vossa filha".

8 A grande realização

Jesus disse: "Felizes os pobres de espírito, pois a eles pertence o Reino dos Céus" (Mt 5,3). Pobre de si mesma, Teresa é rica de Deus pela sua confiança imediata. "Tudo é nosso, tudo é para nós, pois em Jesus temos tudo" (CG, 236).

1) Uma mulher feliz

Teresinha acolhe o Deus da graça com todo o amor. Deus presente no coração dela e o seu futuro nas mãos dele. Ela possui tudo por antecipação e goza da alegria que disso resulta.

Relativiza o valor do que é limitado e abre acesso ao que é ilimitado. Não lhe falta mais nada, e a consciência da presença misericordiosa de Jesus, agora e mais tarde, faz nascer nela uma felicidade profunda. "Ela está sempre alegre e contente" (UC, 59).

Agora vive toda a sua vida como linguagem de Deus e expressão de sua solicitude paterna. Também nas trevas da sua noite de fé e de dor física, que cada vez mais se acentuam, permanece a atitude fundamental de paz e alegria. Seu sorriso tornou-se proverbial entre as irmãs; elas sentem que ele brota do seu contato com Deus.

Os ventos não foram favoráveis a Teresinha. "Encontrei na terra felicidade e alegria, mas unicamente em meio ao sofrimento, pois eu sofri muito aqui na terra. Todo mundo pode saber" (UC, 105, n. 3). Algo de fundamental mudara nela. "Se na minha infância sofri com tristeza, sofro agora de outra maneira. Há agora alegria e paz em mim. Sou verdadeiramente feliz no meu sofrimento" (C, 4v). A festa pascal começou definitivamente: "Sou como ressuscitada. Ah, não se entristeçam por minha causa, cheguei a tal ponto que consegui superar o sofrimento, porque toda dor me é cara" (UC, 37). Ansiedade, dor, estado de saúde alterado, uma palavra ofensiva, tudo isso "atinge somente a superfície" (UC, 71, n. 13). Bem profundamente, no seu coração, ela está ancorada em Deus.

Unida a Deus, sente-se livre perante tudo o que não é Deus e o que Ele não quer. Gosta de usar imagens que expressam colorido, velocidade, escalada. Tem "asas", "voa para a frente", "é como um morcego" (P, 52), ainda desejando unicamente subir mais alto, em direção à luz infinita. Portanto, confusão, intranquilidade, decepção não a atingem. *Porque ela crê!* "Sim, que graça maravilhosa é possuir a fé! Se não tivesse tido fé, eu teria sem a mínima hesitação dado fim a mim mesma" (UC, 176).

Somente o abandono em Deus a conduz. "Não me preocupo de forma alguma com o futuro; estou certa de que Deus cumprirá sua vontade, e esta é a única graça que eu desejo" (C, 221). Ela vive no "presente", no "hoje" da vontade de Deus: "Nada a não ser hoje!" (P, 5). "Deus me dá coragem de acordo com o meu sofrimento. Sinto que neste momento não suportaria mais nada. Mas não por ser medrosa. Aumento de sofrimento resultou em aumento de minha coragem".

"De um momento para o outro pode-se suportar muito" (UC, 49). Frequentemente repete suas palavras preferidas: "Tudo é graça!" Sempre há gratidão no seu coração. É o único e antigo desejo: amar mais, sempre mais. É o ponto fundamental de sua oração. Certamente ela comete pequenas faltas. Porém percebe, com a abundância da graça recebida, sua eterna pequenez. "Desde que me foi concedido compreender o amor de Jesus, devo confessar que Ele expulsou todo o temor de meu coração. A recordação de minhas faltas me faz sentir humilde e me leva a nunca confiar em minha própria força, que é fraqueza; mas sobretudo ela me fala de misericórdia e amor. Se lançasse essas faltas com a confiança de uma criança na fornalha devoradora de amor, elas não seriam irrevogavelmente consumidas?" (C, 247).

Na perspectiva da confiança ilimitada no amor de Deus não tem mais lugar na vida de Teresa o purgatório, que ela chama de a menor de todas as preocupações (PA, 1164). Embora diga não merecer passar por essa purificação, no entanto não a teme, porque "sabe que o fogo do Amor tem uma ação santificante maior do que o purgatório" (A, 84v). "O amor cobre uma multidão de pecados, diz a Sagrada Escritura (Pr 10,12), e então bebo dessa rica fonte que Jesus abriu para mim".

É interessante colocar em seguida três pronunciamentos feitos por Teresa em diferentes épocas de sua vida. Em 1889 escreve como noviça: "Vamos nos apressar em trançar nossa coroa" (Cr, 94). Quatro anos depois ela diz a respeito da sua busca de amor: "Não é minha intenção com ele trançar minha coroa" (Cr, 143). Ainda quatro anos depois (1897) confessa: "Não fui eu que trancei minha coroa, mas foi Deus".

2) A caminho da vida

Amadureceu o tempo para Teresa ir estar sempre junto a Deus. Seu desejo chegou ao auge, e a realização está próxima. Tudo se deu tão depressa, assim também ela o previa. "Nunca pedi a Deus para morrer nova, isto me teria parecido uma covardia. Mas Ele, desde a infância, me deu a convicção interior de que o tempo de minha vida seria curto" (Cr, 2,58). Por isso ela se apressava em viver sua vida intensamente. Quando estava como noviça na escola do sofrimento, escreveu: "A vida é um momento entre duas eternidades" (Cr, 87). O seu coração refletiu muito sobre o tempo e a eternidade. Ela via a vida como um dom de Deus, mas também como uma responsabilidade de consequências de maior alcance: "A vida é algo precioso; todo momento é uma eternidade, uma eternidade de alegria para o céu, uma eternidade para contemplar Deus face a face, para ser unicamente uma com Ele! Somente Jesus é, todo o resto não é... Portanto, vamos amá-lo loucamente. Vamos levar almas para Ele" (Cr, 96). "Somos maiores do que todo o universo; um dia levaremos nós mesmos uma existência divina" (Cr, 83).

Era a visão da primavera. Ou melhor, a visão madura do outono – apenas expressa de forma mais serena. Agora que vai aparecer diante de Deus, compreende melhor do que nunca que apenas uma coisa é necessária: "Trabalhar somente por Ele. [...] Gostaria de dizer-lhe mil coisas que eu entendo, agora que estou em face da eternidade. Mas não morro, entro na vida. E tudo o que não posso dizer aqui na terra vos farei compreender do alto do céu" (Cr, 244).

Agora Teresinha é inteiramente "criança". Sua maturidade espiritual transparece da profunda simplicidade, com a qual vê em tudo o resplendor de Deus. E, como disse Han Fortmann, quando estava próximo da morte, "talvez essa luz seja mais facilmente acessível nas horas decisivas antes da morte do que na rotina da vida diária, quando a morte ainda não é evidente. Há muitas coisas que falam de luz: a primavera, as mimosas, o melro, Mozart, o amor, o vinho, o olhar dos amigos, a dança. Eles são concorrentes 'da luz clara e grande'? Ainda na experiência imatura, são. A alegria das coisas é evidente. A Grande Luz deve ser descoberta. A alma deve recordar-se de que as pequenas luzes devem sua origem à Grande Luz. Para a criança isso às vezes é evidente".

Enfim, estará ela preparada para morrer? Sim e não. Libertada de tudo, está preparada para receber tudo: "Visto que me esforço seriamente por ser uma criança pequenina, não preciso, de forma alguma, fazer preparativos. Jesus mesmo deve pagar toda a despesa da viagem e o bilhete de ingresso para o céu" (C, 191).

Por outro lado, não está e nunca estará preparada por si mesma para unir-se ao Deus Santíssimo. "Tento fazer de minha vida um ato de amor e não estou mais preocupada por ser uma pequenina alma; pelo contrário, alegro-me por sê-lo. Por isso, ouso esperar que meu exílio seja breve. Mas não é porque já esteja preparada. Sinto que jamais o estarei se o Senhor mesmo não se dignar transformar-me. Pode fazê-lo num instante. Depois de todas as graças com que Ele me cumulou, espero também esta de sua infinita misericórdia" (C, 224).

Dada a impossibilidade de poder igualar-se ao amor de Deus na terra, Teresa há muito tempo começou a desejar o céu. Lá poderá amar a Deus com a plenitude de seu próprio amor. Lá o amará sem distâncias e sem limites, como desejou em vão fazê-lo neste mundo.

Quando noviça escrevia: "Tenho sede do céu, onde amaremos a Jesus sem medida" (Cr, 79). E agora, três meses antes de sua morte, ela diz: "O que me atrai para a pátria dos céus é o chamado do Senhor. É a esperança, enfim, de poder amá-lo como há tanto tempo desejei, e o pensamento de que poderei fazê-lo amar por uma multidão de almas que o louvarão eternamente" (Cr, 254).

E a isso se acrescente a certeza silenciosa de que do céu ela será mais apóstola na terra. "Sinto que logo vou entrar em repouso; mas sinto sobretudo que minha missão vai começar, a minha missão de fazer amar o bom Deus como eu o amo, de ensinar o meu pequeno caminho às almas. Se o bom Deus atender aos meus desejos, meu céu se passará sobre a terra até o final dos tempos. Sim, quero passar meu céu fazendo o bem sobre a terra" (UC, 85).

Simultaneamente com o desejo do céu cresce nela também a perspectiva da morte de amor. "Não levo mais em conta a doença para ir para o céu; ela é uma condutora lenta. Levo em conta unicamente o amor. Peço ao bom Jesus que todas as preces que são feitas por mim possam servir para aumentar o fogo que me deve consumir" (C, 242).

Desde o começo Teresinha se inspirara com as palavras de São João da Cruz, na *Chama viva de amor*. "É da maior importância que a alma viva fervorosamente no amor, para que seja levada rapidamente à perfeição e logo possa ver Deus face a face." Ela rezava com ele: "Rasgai o véu desse doce encontro".

Ao sentir mais agudamente a incapacidade de amar, Teresa verá sua morte de amor como um momento no qual pela última vez concentrará todo o amor numa doação suprema de si mesma. No seu ato de oferecimento ao amor misericordioso ela pede que esse martírio de amor a faça, enfim, morrer.

Essa prece retorna frequentemente. No entanto, há um desenvolvimento claro na sua visão sobre a morte de amor. Na linha de descrições de São João da Cruz, Teresinha esperava unicamente uma morte "em transportes admiráveis e deliciosos arrebatamentos de amor".

Mas na sua noite de dor física e sofrimento da alma há pouco lugar para "transportes" e "arrebatamentos". A visão sobre a morte agora começa a evoluir. A essência da morte de amor permanece, mas a modalidade muda. Ela contempla o exemplo do crucificado. "Nosso Senhor morreu de amor. Morrer de amor não é morrer em êxtases" (UC, 58, n. 2).

Por fim ela dirá: "A morte de amor que desejo é aquela de Jesus na cruz". Esta será a sua morte.

3) Meu Deus, eu vos amo

"No crepúsculo desta vida aparecerei diante de Vós de mãos vazias". De mãos vazias. Espaço aberto para Deus. "Ao aparecer ante o Esposo Bem-Amado somente poderei oferecer-lhe meus desejos" (Cr, 218).

Agora chegou a hora: 30 de setembro de 1897. À tarde Teresinha diz: "Creio que nunca procurei outra coisa a não ser a verdade. Sim, eu entendi a humildade de coração. Creio que sou humilde". E mais tarde: "Não me arrependo de haver-me abandonado ao Amor. Ó, não, não me arrependo; pelo contrário!"

São 19 horas e alguns minutos. É noite. Por que o sol se esconde? Teresa pronuncia suas últimas palavras: "Meu Deus, eu vos amo", e morre.

O Amor inunda sua alma. Torna-se mais brilhante do que o sol. Vida sem fim! Contempla a Deus face a face, no gozo sem medida, junto com todos os santos e santas!

A esperança atingiu sua finalidade!

Clássicos da Espiritualidade

Confira outros títulos da coleção em

livrariavozes.com.br/colecoes/classicos-da-espiritualidade

ou pelo Qr Code

A vida merece um sentido
Sinais de Deus no caminho

Dom Itamar Vian
Frei Aldo Colombo

Jesus foi um excelente contador de história. Foi o pregador dos caminhos e nas suas pregações aparece seguidamente o cotidiano. Ele falava dos lírios do campo, das aves do céu e das searas maduras. Também estava atento à dona de casa que procurava a moeda perdida, ao pai que acolheu o filho pródigo e ao negociante que vendeu tudo para comprar uma pérola. Suas parábolas estão cheias de luz e são compreensíveis por todos.

Neste livro, de maneira direta e simples, como é a "maneira franciscana" de se comunicar, os autores procuram apresentar facetas do amor no dia a dia de cada um de nós. Tais expressões de amor são, na verdade, sinais da presença de Deus em nossa vida.

Dom Itamar Vian nasceu em Roca Sales, interior do Rio Grande do Sul, no dia 27 de agosto de 1940. Ingressou na Ordem dos Frades Menores Capuchinhos, tendo sido ordenado sacerdote a 1º de dezembro de 1968. Durante 16 anos trabalhou na formação inicial. Em 1984 foi sagrado bispo de Barra, na Bahia, e em 2002 passou, para a Diocese de Feira de Santana, como arcebispo. Na CNBB foi membro do Conselho Permanente. Em sua atuação pastoral sempre dedicou especial atenção aos meios de comunicação social.

Frei Aldo Colombo pertence à Ordem dos Frades Menores Capuchinhos do Rio Grande do Sul. Nasceu no município de Rolante, RS, aos 9 de novembro de 1937. Foi ordenado sacerdote em 12 de julho de 1964. Em três períodos exerceu a missão de ministro provincial. Pelo espaço de quatro anos atuou na Conferência dos Religiosos do Brasil, no Rio de Janeiro, como diretor de cursos. Atualmente reside em Garibaldi, RS, como superior da fraternidade. Sempre esteve ligado à Pastoral da Comunicação, especialmente no *Correio Riograndense*, onde atuou por 23 anos.

Conecte-se conosco:

f facebook.com/editoravozes

◉ @editoravozes

X @editora_vozes

▶ youtube.com/editoravozes

◉ +55 24 2233-9033

www.vozes.com.br

Conheça nossas lojas:

www.livrariavozes.com.br

Belo Horizonte – Brasília – Campinas – Cuiabá – Curitiba
Fortaleza – Juiz de Fora – Petrópolis – Recife – São Paulo

EDITORA VOZES LTDA.
Rua Frei Luís, 100 – Centro – Cep 25689-900 – Petrópolis, RJ
Tel.: (24) 2233-9000 – E-mail: vendas@vozes.com.br